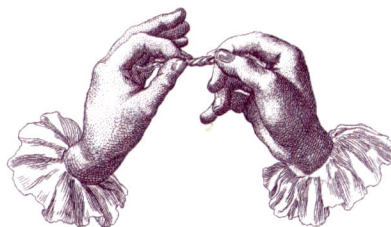

COLECCIÓN USO Y ESTILO

*Museo Franz Mayer* ～ *Artes de México*

# Corpus aureum

## ESCULTURA RELIGIOSA

### ALFONSO ALFARO
### MARÍA DEL CONSUELO MAQUÍVAR

CORPUS AUREUM, ESCULTURA RELIGIOSA *es el tercer número de la Colección Uso y Estilo, coeditada por el Museo Franz Mayer y Artes de México.* COLECCIÓN DIRIGIDA POR *Margarita de Orellana* ❧ *Héctor Rivero Borrell M.* ❧ *Alberto Ruy Sánchez Lacy.* EDICIÓN *Margarita de Orellana.* FOTOGRAFÍA *Michel Zabé.* ASISTENTE DE FOTOGRAFÍA *Vicente González Pérez.* DISEÑO *Luis Rodríguez.* SUPERVISIÓN EDITORIAL *Magali Tercero.* CORRECCIÓN *Stella Cuéllar* ❧ *María Palomar* ❧ *Jana L. Schroeder (Inglés).* CAPTURA *Sandra Luna.* EDICIÓN EN INGLÉS *Susan Briante.* TRADUCCIÓN AL INGLÉS *Allan Hynds* ❧ *Lorna Scott Fox.* PRODUCCIÓN *Antonieta Cruz.* IMPRESIÓN *Reproducciones Fotomecánicas S.A. de C.V.* ARTES DE MÉXICO *Plaza Río de Janeiro 52, colonia Roma, México, D.F., C.P. 06700. Teléfonos 525 4036, 525 5905, 208 3217, 208 3205, 208 3684 y fax 525 5925.* MUSEO FRANZ MAYER *Avenida Hidalgo 45, Plaza de la Santa Veracruz, México, D.F., C.P. 06300. Teléfonos 518 2265 al 71 y fax 521 2888.* ©1995 *Museo Franz Mayer* ❧ *Artes de México.* ISBN *968-6533-40-0.*

# ÓYEME CON LOS OJOS

## ELOGIO DEL CUERPO ENTREVISTO

*Alfonso Alfaro*

Solamente puede existir algo más suntuoso que un brocado barroco: su representación esculpida y estofada. Bajo pliegues aéreos, inverosímiles —dada la agobiante riqueza de las telas evocadas—, emerge un cuerpo reducido a su mínima expresión: quizá el esbozo de una rodilla sugerida tras espesos e innumerables aliños. Con frecuencia, sólo el rostro y las manos, de suaves texturas, dan testimonio de la carne gloriosa.

Entre el Renacimiento y el Rococó —entre la era de Italia y la de Francia— los siglos hispánicos, siglos de oro, postulaban su propia idea del cuerpo.

Las representaciones del hombre y la mujer del Renacimiento habían sido un homenaje a la grandeza de ánimo. El vigor de su carne solicitaba la admiración del espectador; ella podía prodigar abrazos que no hubieran sido desdeñados por los dioses mitológicos. Por su parte, el cuerpo del siglo Rococó había de ostentar la exacerbada sensibilidad de una piel iluminada por afectos de estoica ligereza, una piel que no esperaba ya la resurrección y se ofrecía a la voluptuosa levedad de la caricia. Entre ambos, el cuerpo de nuestros siglos virreinales se evadía protegido por la llaneza de sus carnaciones y sepultado por pliegues, orlas, mantos, encajes y bordados.

Esto acontecía también en las representaciones de los cuerpos laicos y señoriales y en los de aquéllos que hacían profesión de vida consagrada. La sobriedad del hábito y la austeridad del cuerpo en los retratos de religiosos y religiosas era el contrapunto de la desbordante parafernalia con que se ornaban las "monjas coronadas". En esos cuadros, la exuberancia del tocado festeja los esponsales místicos de vírgenes que hacen ofrenda de su castidad en la vida monacal.

¿Cuál es la relación entre esos dos excesos: una severa discreción del cuerpo y una igualmente desmedida opulencia del atuendo?

Aquí, el vestido no era sólo una segunda piel sino que se convertía en sustituto de ella. El cuerpo apagado, silencioso, sofocado, clamaba su exaltación —cuerpo barroco al fin— con derroche de voces en un delirio vestimentario apenas contenido por los cauces de una cromática polifonía. El cuerpo barroco albergaba una intensa vitalidad que se manifestaba con vehemencia a través de una epidermis bordada.

*Páginas anteriores:* Virgen Dolorosa. *Escultura guatemalteca del siglo XVIII, estofada y policromada.*

*Página siguiente:* San José. *Escultura novohispana del siglo XVIII, estofada y policromada. Detalle.*

Entre el abrazo renacentista y la caricia dieciochesca, expresiones ambas de una autonomía radical del individuo, los cuerpos novohispanos, inmersos en una heterogénea fratría que igualaba sin embargo a súbditos y creyentes, intentaban acallar con fracasado pudor los entusiasmos de su tacto transmutándolos en demandas visuales.

Los excesos de uno de los sentidos suplían así la sobriedad de otro. Sólo ante los ojos —los propios y los ajenos— podía declararse silenciosamente lo que otras voces pugnaban por exclamar.

Porque la piel de esos cuerpos se hacía frecuentemente visible en estado de sufrimiento: espaldas desgarradas por látigos o disciplinas, cinturas desolladas por cilicios, bellezas que eran sólo pasto de llamas, condenados que se debatían con serpientes infernales. Los cuerpos de los mártires padecían también las flechas, la espada, la lanza, la rueda... Pero el objeto de la mayor saña y de la más cruel ferocidad era precisamente la figura sacrosanta del Divino Redentor: su cuerpo llegó a convertirse en llaga viva, sus miembros fueron atravesados por los surcos sanguinolentos de la tortura. En el otro extremo, los transportes del arrobo místico podían inflamar la carne toda que se abandonaba a las delicias sensibles de la consolación espiritual. El cuerpo representado de estos siglos barrocos tenía pues tres posibilidades: ocultarse, gemir (de dolor o de gozo) y deslumbrar.

Tal era el régimen de los afectos y de los sentidos en la sociedad donde floreció el arte que hoy examinamos. Las representaciones de los cuerpos gloriosos no pueden desligarse de las otras imágenes del cuerpo prevalecientes en ese universo, sobre todo si tomamos en cuenta la semejanza esencial que existe para la teología católica entre ambas materias, ambas redimidas: todo cuerpo pecador es una carne llamada a la resurrección.

Entre el ropaje esculpido que enmarca el rostro y las manos de los santos y los ojos de sus contemporáneos la relación era menos distante de lo que ahora puede suponerse. Aquéllas eran sociedades en donde se atesoraba en paños y lienzos de precio, en donde la pertenencia étnica y social estaba indicada por el tipo y la calidad de la vestimenta, en donde había, además, una continuidad entre la ropa cortesana, los tejidos que porta-

ban algunas imágenes devotas, las sagradas vestiduras del culto litúrgico (de las que ahora podemos admirar ejemplos soberbios en las otras colecciones del museo) y la tela figurada que recubría los cuerpos estofado.

Los motivos que las decoraban eran semejantes a los que aparecían en soportes muy variados: desde las sedas de China hasta las lacas de Michoacán o el barro de Tonalá.

Esa contigüidad en las materias textiles, en la ornamentación, en las convenciones estilísticas acerca de la línea de las prendas y, sobre todo, en el tratamiento de la imagen corporal respecto de los retratos de laicos o religiosos, no debe hacernos olvidar el carácter específico de la estatua estofada.

El cuerpo renacentista había solicitado la mirada buscando la admiración; el cuerpo de la era Rococó aspiraría a la seducción; en la Nueva España, entre las representaciones de los cuerpos señoriales, anhelantes del reconocimiento de su grandeza social, y los retratos monacales, demandantes del reconocimiento de su grandeza moral, los cuerpos de estos santos envueltos en telas esculpidas (estofados) lograban suscitar algo que rebasaba ampliamente la veneración.

El cuerpo representado de las personas celestiales no era sólo una evocación o un aliento para el recuerdo devoto o la plegaria reverente. A las reticencias de la piedad franciscana del siglo XVI, renacentista y erasmiana (próxima de las religiosidades cultas y urbanas de nuestra modernidad posterior al Segundo Concilio Vaticano), sucedió en México una iconodulia desbordada y ardiente: esas imágenes dejaron de ser objetos píos para convertirse en sujetos actuantes, taumaturgos, poderosos como en el medioevo cristiano.

Además, en estas latitudes, las imágenes poseían desde el pasado prehispánico un lugar de primer orden en las prácticas rituales. Entre el abigarrado panteón vernáculo y sus objetos de culto existía ya una íntima relación que había llevado a los europeos a glosar sobre la noción caribeña de *cemí* y que sugirió a los misioneros utilizar el rico vocablo náhuatl *ixiptla* para designar las imágenes de culto (Gruzinski).

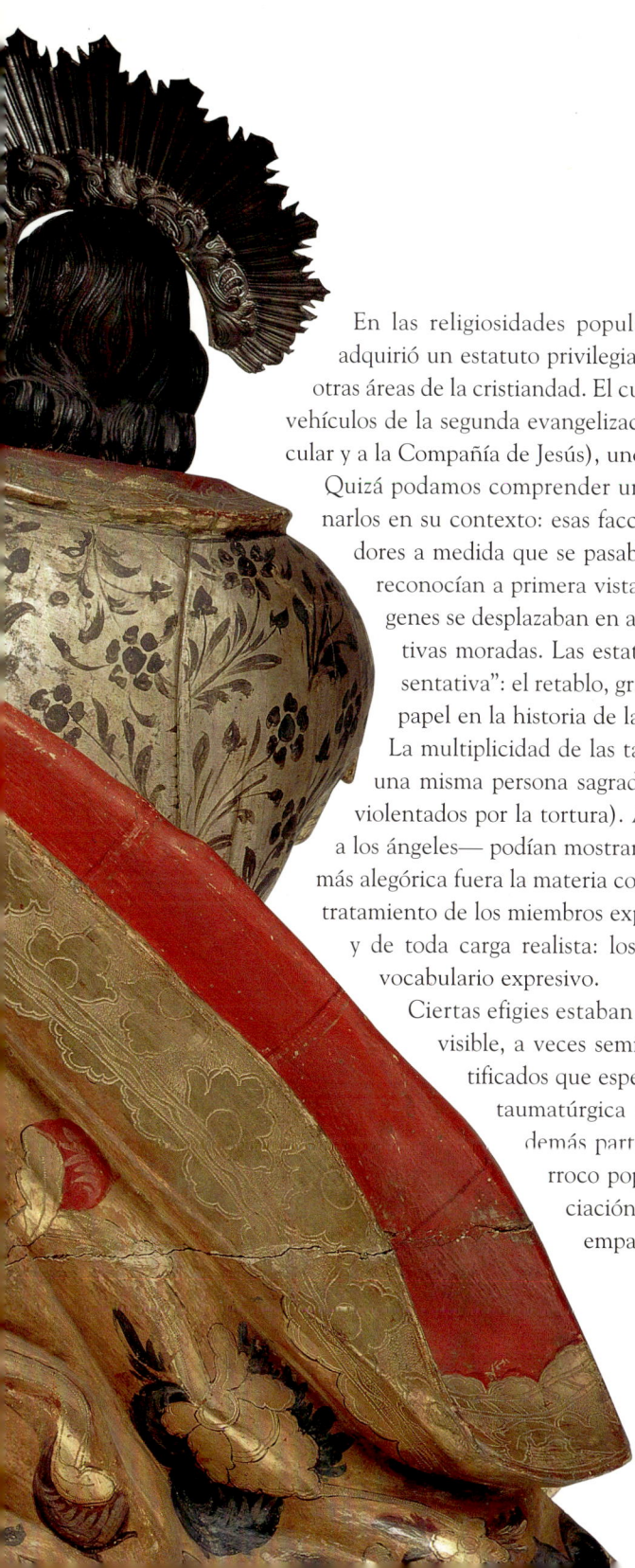

En las religiosidades populares tridentinas del mundo hispánico, la imagen cultural adquirió un estatuto privilegiado que no tendría en otros estratos, en otros periodos, o en otras áreas de la cristiandad. El culto a las imágenes fue en México uno de los más importantes vehículos de la segunda evangelización (la que tuvo como protagonistas principales al clero secular y a la Compañía de Jesús), uno de los puentes naturales entre el orden antiguo y el nuevo.

Quizá podamos comprender un poco más las voces de estos objetos si intentamos imaginarlos en su contexto: esas facciones que expresaban sentimientos cada vez más conmovedores a medida que se pasaba del siglo XVII al XVIII eran las de personajes que los fieles reconocían a primera vista, provistos de atributos sumamente familiares; algunas imágenes se desplazaban en andas procesionales, "se visitaban" unas a otras en sus respectivas moradas. Las estatuas podían integrarse naturalmente en una "sintaxis representativa": el retablo, gran teatro del cielo en donde cada personaje desempeñaba un papel en la historia de la salvación.

La multiplicidad de las tallas permitía evocar situaciones diversas (advocaciones) de una misma persona sagrada (esto atemperaba el carácter terrible de algunos cuerpos violentados por la tortura). Algunas estatuas —especialmente las que hacían referencia a los ángeles— podían mostrar unas extremidades de lisas y neutras carnaciones: mientras más alegórica fuera la materia corporal menor era el riesgo al representarla. En otros casos, el tratamiento de los miembros expuestos a la vista lograba despojarlos de todo individualismo y de toda carga realista: los pliegues estofados eran su único —intenso, dramático— vocabulario expresivo.

Ciertas efigies estaban dotadas de una calidad singular: eran receptáculo, a veces visible, a veces semiencubierto, de los restos mortales de unos cuerpos ya santificados que esperaban solamente las trompetas del Juicio Final. La potencia taumatúrgica se veía acrecentada en la imagen-relicario, pero todas las demás participaban también de la misma economía semántica del barroco popular tridentino: el cuerpo de la imagen poseía, por su asociación con el personaje representado, una *virtus* propia quizá emparentada para más de un devoto indio o mestizo con alguna

*San José.*
*Escultura*
*novohispana*
*del siglo XVIII,*
*estofada y*
*policromada.*
*Detalle.*

de las connotaciones de lo que los antiguos señores del Anáhuac habían llamado *ixiptla*: esas efigies, como sucede en universos culturales muy alejados del cristianismo, podían poseer a los ojos devotos un cierto grado de eficacia intrínseca: eran al mismo tiempo representación, símbolo y teofanía (Dupront). Para el pueblo barroco, de la imagen material del cuerpo santo emanaban facultades que la carne misma había debido poseer.

Entre las antiguas *châsses* y estos relicarios, entre el arte del oro esmaltado y el del oro estofado, las semejanzas podían establecerse tanto en la función como en la forma.

Las imponentes vestiduras que se utilizaban en las ceremonias litúrgicas entretejían la suavidad y la luz: la seda y el metal precioso; las representaciones esculpidas de los ropajes que cubrían los cuerpos celestiales fueron más allá: el oro se convirtió en la materia misma de esas telas figuradas, un oro que iluminaba levemente el fondo de la superficie policroma o que podía desbordar en punteados ribetes de encaje. Como el vestido era la verdadera superficie de esos cuerpos barrocos, la piel áurea estaba ahí para atestiguar la índole excepcional de la carne representada. El color encubría el oro, que a su vez escondía un cuerpo apenas sugerido, en el cual estaba depositada quizá una reliquia milagrosa, un cuerpo real. El oro semioculto revelaba a grandes voces la verdad de la imagen: su carácter venerable y su virtud intercesora. En el conjunto escultórico sobre el altar, el oro de los ropajes estofados producía una delirante correspon-

San José. *Escultura novohispana del siglo XVIII, estofada y policromada. 63 x 40 x 35 cm.*

dencia visual con la inmensa fábrica incendiada de reflejos infinitos. En uno de los puntos focales del retablo (centros múltiples como convenía a la óptica barroca) resplandecía la custodia: inmerso en un ondulante firmamento vertical de oro de hoja, un peque- ño sol blanco de pan ázimo lanzaba rayos de plata do- rada o de oro macizo.

Ante el mortal de rodillas y extasiado, el oro descubría las verdades ocultas: el resplandor áureo de la custodia (o manifestador) proclamaba que el pan era sólo apariencia y que era un cuerpo verdadero (divino y humano) el que ahí se es- condía para mejor manifestarse; la ropa in- candescente de las imágenes estofadas (que recogía en ocasiones los motivos ornamen- tales del metal repujado) declaraba, por su parte, la íntima verdad sobrenatural de cada una de esas efigies cinceladas. La realidad es al- go distinto de lo que ven nuestros ojos y el oro tenía la misión de recordárselo continuamente a nuestros antepasados.

Así, dos vectores esenciales de la religiosidad tridentina: el énfasis en la Eucaristía y el culto a las imágenes confluían en un proyecto pastoral y estético sumamente generoso con los goces de la vista, justo premio a una mirada que aceptaba con humildad, como nos recuerda Calderón, que sus percepciones eran sólo metáforas de una realidad in- marcesible. El oro que circundaba el rostro de los san- tos bizantinos había cumplido una función análoga. Las

*Virgen María.*
*Escultura*
*novohispana*
*del siglo XVIII,*
*estofada y*
*policromada.*
*62 x 40 x 30 cm.*

láminas sólidas y brillantes fueron haciéndose cada vez más tenues a medida que viajaban hacia el occidente europeo —en donde la cultura y las artes se iban tornando irremisiblemente antropocéntricas— hasta desaparecer por completo en el torbellino del Renacimiento. Nuestro nexo con esa insigne tradición del cristianismo de Oriente está visible en las aureolas que santifican a los personajes de Giotto, de Cimabue, de Fra Angélico...

Entre los extremos occidental y oriental de un cristianismo fracturado por el Gran Cisma, entre la iconodulia bizantina y la novohispana, las correspondencias no eran superficiales, ambas emanaban de pueblos creyentes que poseían una semejante economía semiológica cuyo origen debía más a san Pablo que a Platón: el testimonio de los sentidos era só-

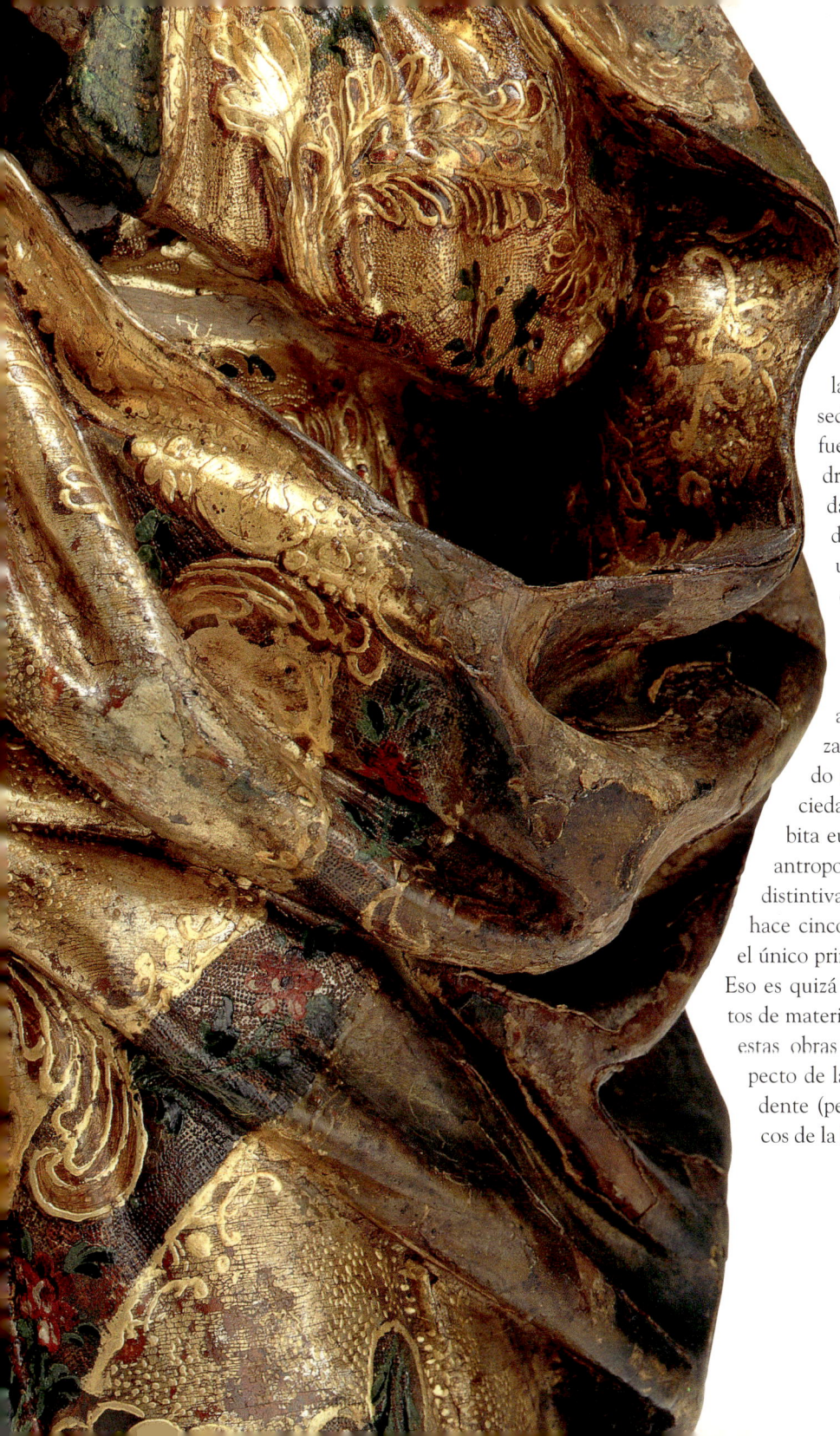

lo una referencia, un reflejo en un universo en donde las reglas de la historia eran las de la gracia y las de la salvación. Las sedes episcopales de Iberoamérica fueron las últimas grandes catedrales que edificaría la cristiandad, las últimas de su estirpe, es decir, productos del esfuerzo de una sociedad entera que reconocía en ellas los rasgos simbólicos de su rostro social y, al mismo tiempo, obras capaces de realizar aportaciones significativas al arte más avanzado de su civilización. También el arte del estofado es tal vez paradigma de esa sociedad, una de las postreras de la órbita europea que, dando la espalda al antropocentrismo que ha sido la marca distintiva del mundo occidental desde hace cinco siglos, considera a Dios como el único principio de sentido.

Eso es quizá lo que convierte a estos objetos de materia frágil y difícil supervivencia, a estas obras anacrónicas y marginales respecto de las corrientes artísticas de Occidente (pensemos en los proyectos estéticos de la Europa del siglo XVIII, por ejem-

plo), en un arte raro y sutil, testigo capital de un mundo situado en una galaxia lejanísima de éste donde viven la mayoría de nuestros contemporáneos. La presencia abrumadora de los metales finos en el sistema de representaciones que daba vida a la liturgia no debe hacernos olvidar el camino recorrido: gracias al cristianismo, el oro, *caro deorum* para los romanos, había descendido un peldaño abismal en la escala semántica: de ser sustancia había quedado reducido a un signo.

## EL CUERPO ÁUREO Y EL CUERPO CASTO

Estas obras forman parte de una corriente artística: pertenecen a un momento (un largo instante que se extiende sobre tres siglos) y a una dilatada pero circunscrita geografía: el área de influencia de la estética tridentina, un movimiento surgido en respuesta conceptual y plástica a las crisis espirituales que sacudieron a Occidente al alba de la edad moderna: el Renacimiento y la Reforma.

Ese espacio se extendió de Recife a Macao y de Praga a Tepotzotlán. Todo ese territorio fue irradiado por un potente faro cultural: la Roma papal del manierismo y del barroco que respondía con un derroche de energía creativa a los desafíos de la historia. Su entusiasmo no era el de la razón ni el de la voluntad —que comenzaban a fincar las seguridades del mundo occidental— sino las certezas de una fe apasionada y defensiva.

Pero la confianza, la íntima serenidad, alentaban también en el arte inspirado en el Concilio de Trento: la Redención era un dato seguro en la historia y no cabía dudar de la fidelidad de Dios: la gracia —no sólo la suficiente sino la eficaz— no podía faltar al hombre, quien estaba, por su parte, capacitado para contribuir con sus obras a su propia salvación. Y ¿no poseía Jesús, por su humana cercanía, una generosidad fraterna y una compasión sin límites? ¿No estaban ahí los sentimientos entrañables de María para impetrar la misericordia divina? ¿No se contaba con el apoyo cercano

y casi cómplice de santos y santas, antiguos pecadores, casi contemporáneos algunos, vecinos quizá o unidos al terruño o a la estirpe por el lazo íntimo del patronazgo?

El talante de la cultura tridentina está imbuido de un firme optimismo. La dimensión trágica de la condición humana había inspirado al barroco germánico de influencia reformada (estimulado sin duda por los horrores de la guerra de Treinta Años), pero también a la cultura jansenista. Podemos quizá relacionar estos fenómenos con la incertidumbre de una salvación vinculada a la justificación por la fe. Esos tonos ceden aquí el paso a una contundente seguridad: cuántas Apoteosis de la Eucaristía, cuántos Triunfos de la Iglesia, cuántas Mujeres de Patmos vencedoras de la Serpiente ornaban los muros de nuestras iglesias y sacristías. Aunque también había lugar para un igualmente intenso sentido del horror expresado asimismo de manera sensible en las maceraciones de la carne mártir, penitente, purgante o condenada.

Tanto en la espiral ascendente como en la descendente estaban incluidos el cuerpo y sus sentidos y las mociones del alma. La Eucaristía, al celebrar la corporeidad de Jesús y al establecer con ella una relación carnal: la manducación, subrayaba la dignidad de una materia elevada por la Encarnación y la Redención a un destino de eternidad. El arte religioso de ese universo no rehuía la sensualidad, ni la sensibilidad, ni los sentimientos; la escultura devota permitía materializar en madera y en oro colorido, como lo hacía la música con la aérea sustancia de las notas, las emociones efusivas y los impulsos vehementes.

*Páginas de la 16 a la 21:* Virgen Dolorosa. *Escultura novohispana de Guatemala del siglo XVIII, estofada y policromada.* *65 x 25 cm.*

Un papel fundamental desempeñaron, en el arte de nuestros siglos barrocos, los legados espirituales del Medievo y especialmente los de san Francisco y san Bernardo con su manera particular de abordar las devociones marianas. Ambos exaltaban los afectos de compasión y de ternura materna por encima de la cruda justicia y de una fe puramente intelectual; ellos influyeron de esta manera en la formación de una religiosidad que tanto contribuiría a civilizar a Europa morigerando la rudeza y los valores guerreros de una época regida por jaurías de *bellatores* que habrían de ir convirtiéndose en aristócratas.

El culto de las imágenes devotas y el de las efigies marianas en particular poseía —además de su dimensión religiosa— varias importantes funciones culturales.

Prácticamente en todo el espacio mediterráneo, el cuerpo femenino había recibido un tratamiento social sumamente riguroso: las ropas sombrías y los pañuelos negros de las aldeanas que habitan la costa que se extiende desde Portugal hasta Grecia se corresponden con los velos y las celosías que recatan a las mujeres de la otra orilla que abarca de Marruecos a Turquía. Por lo que respecta a las representaciones, en la margen semítica, todos los cuerpos, masculinos y femeninos, mortales o santificados, recibían el mismo tratamiento: ninguno debía ser objeto de evocaciones figurativas (una prohibición muy culturalmente arraigada aunque no siempre fundamentada teológicamente, por lo menos en el caso del Islam).

En el Mediterráneo del sur el cuerpo reivindica su existencia en espacios sororales o fraternales (el *hammam*, la danza...) pero también en el sueño y la literatura: su voz simbólica es la palabra poética. En el norte, en la ribera católica y ortodoxa, la obra plástica —sea bidimensional, con su voluntad de abstracción, sea de bulto con su afán de realismo— puede también expresarlo simbólicamente en formas visibles tan abiertas a la representación del cuerpo ya santificado como a las de la carne mortal. La existencia de esas esculturas es un desafío a las posturas que ven en la imagen pintada o esculpi-

da tanto un peligro para la fe (tentación de idolatría) como la riesgosa exaltación de una materia deleznable, cargada de acechanzas para la paz de los sentidos, la serenidad de los afectos y la estabilidad del orden patriarcal.

La primera objeción había recibido una firme respuesta con la conclusión de la crisis iconoclasta (siglos VIII-IX), la segunda no ha sido objeto de una refutación doctrinal tan sistemática aunque sí de un conjunto de proposiciones teóricas y artísticas que forman entre todas un consistente programa estético. ¿Qué significados culturales puede tener la representación pía de la figura humana en ese contexto histórico y geográfico?

En el espacio monoteísta, la virginidad como proyecto de vida solamente representa un valor social en la faja normediterránea que se alarga del mundo ortodoxo a la península ibérica (y sus prolongaciones misioneras).

Ni la Europa protestante ni el mundo semítico conocen prácticamente la "vida consagrada" en el celibato: tanto la maternidad como el amor conyugal son ahí valores morales del más alto rango y no existe un "estado de perfección" teológica y culturalmente sancionado que pueda serles superior.

La confianza en el cuerpo humano y la visión positiva de sus atributos que permiten su representación plástica en la iconografía devota son el contrapunto de la alta consideración axiológica de que está investida la virginidad en los mundos católico y ortodoxo. Dotados de una refinada teología de la vida religiosa, ambos tienen en su común tradición, fuertemente impregnada de la espiritualidad de los Padres del Desierto, y en la configuración estructural de sus jerarquías, un lugar específico —con el rango más elevado— para las personas que hacen profesión de vida consagrada.

*Santa mártir. Escultura novohispana del siglo XVIII, estofada y policromada. 74 x 33 x 23 cm.*

El acento en la austeridad respecto de la carne y sus sentidos, propio de la espiritualidad monacal, recibe un complemento eficaz en la enfática valoración del cuerpo, las percepciones sensibles y los afectos, derivada del culto a las imágenes. El celibato y la iconodulia se apoyan y se nutren mutuamente. El arte católico del cuerpo devoto es sensual pero contenido, visual pero poco táctil, no tiene lugar para el realismo puramente descriptivo o para el erotismo explícito: la unión es siempre en él metáfora mística, no vía de acceso como en el tantrismo, ni camino de iniciación, representación naturalista o resonancia de los mundos superiores o inferiores como en el espacio helénico. No es, por eso, sorprendente que las dos tradiciones, embestidas frontalmente por la Reforma, hayan reaccionado al unísono y con igual vigor. Independientemente de las argumentaciones de índole teológica, la respuesta de la cultura tridentina a la ofensiva contra el celibato no resulta difícil de entender en términos de lógica institucional: sólo él impedía, en un contexto histórico de organización del poder fundado habitualmente en el linaje, la pérdida de una autonomía tan esencial a la misión de la Iglesia y tan duramente conquistada a lo largo de toda la Edad Media (el nepotismo era un peligro mucho menor que la subordinación a una política dinástica).

Por su parte, el culto a las imágenes pudo contar con todo el bagaje doctrinal anti-iconoclasta y recibió el apoyo ardiente de vastos sectores del pueblo devoto y de las nuevas órdenes religiosas surgidas al fragor de la batalla que tan fecundas fueron en pensadores inclinados a los ejercicios apologéticos.

Las modalidades particulares de este arte religioso son ampliamente tributarias de la interacción entre el celibato y la iconodulia, que contribuyen a configurar, aportando cada uno tendencias que parecerían divergentes, una misma idea del cuerpo y de las relaciones entre la tierra y el cielo. La herencia renacentista

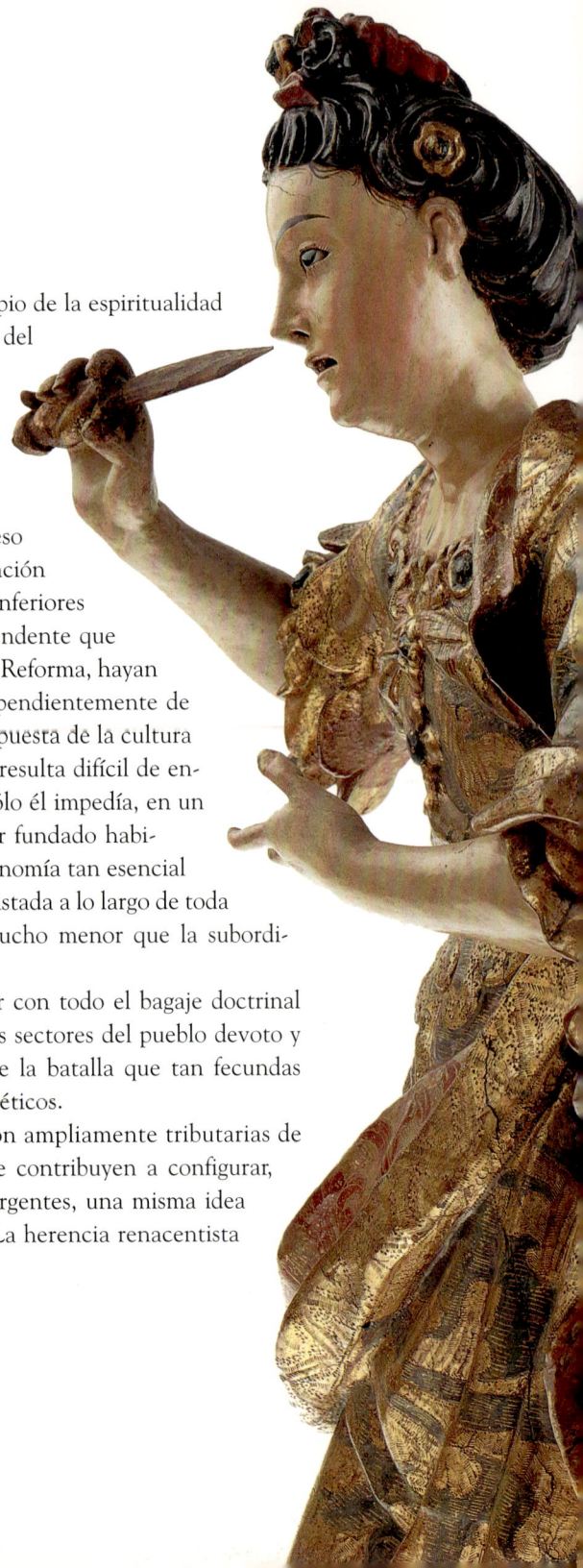

era difícilmente renunciable, sobre todo en Italia. Los músculos que habían sido despertados por la palpitante humanidad de las estatuas clásicas se resistían a desvanecerse de nuevo evocados apenas en una línea imprecisa: en nuestro territorio cultural ellos supieron encontrar en las ondulantes y aéreas curvaturas de los pliegues esculpidos un lenguaje que les permitiera seguir manifestándose. Los meandros de las telas estofadas se corresponden con las circunvoluciones de la ornamentación sacra en un reto a la gravedad que es a su vez el paralelo del desafío que lanza la fe a la realidad perceptible.

Éste fue un arte popular, un arte vivo en espacios sociales sumamente heterogéneos. En confrontación visual y táctil con las imágenes devotas esculpidas, muchos criollos y africanos, europeos, indios y castas de todos los matices adquirieron la noción de su propia presencia corporal y fueron construyendo identidades personales y sociales. En un amplio horizonte cultural, las ideas y las actitudes acerca del cuerpo propio y del ajeno se formaron como el resultado de una interacción cálida e intensa con estas imágenes.

Ellas contribuyeron a consolidar el aprecio por la opulencia visible, la inclinación a la vehemencia y a la efusión, una concepción escenográfica del espacio social y una idea de la solidaridad fundada en el patronazgo, una tensión irresuelta entre la alta valoración de la castidad y una generosidad de los sentidos que desborda a veces en indulgencia y, sobre todo, una distancia relativista frente a los apremios del mundo y del siglo.

Optimismo de un rostro y una silueta que no rechazan la representación, pero cautela de una carne que se sabe peligrosa y al mismo tiempo llamada a designios excelsos, tal es el cuerpo de este barroco nuestro, cuerpo entrevisto: retrato y estatua cubiertos de una carne textil, envoltura socialmente codificada que reemplaza la epidermis, visibilidad de la *imago* divina en una religión a la que los misterios de la Trinidad y la Encarnación le han permitido dejar de lado las tentaciones de idolatría, certeza de una sangre redimida por otra semejante a ella "en todo excepto en el pecado", modestia de unos ojos que aceptan que la apariencia es tan importante como lo pretendidamente real: ambos son sólo elemen-

tos de una dramaturgia, signos que demandan ser desentrañados en una cadena vertiginosa e infinita que sólo termina con la cegadora visión de la Causa Primera.

## LAS VOCES DE LA CARNE GLORIOSA

*Páginas*

*24 y 25:*

Santa Lucía.

*Escultura*

*novohispana*

*de Guatemala,*

*del siglo XVIII,*

*estofada y*

*policromada.*

*72 x 40 x 30 cm.*

*Página*

*anterior:*

Coronación

de la Virgen.

*Relieve*

*novohispano*

*del siglo XVIII,*

*estofado y*

*policromado.*

*115 x 89 x 7 cm.*

¿Por qué estas estatuas son así y no de otra forma? ¿Qué es lo que las hizo posibles? Las respuestas a estos planteamientos se encuentran a su vez contenidas en otras preguntas: ¿Cómo es el cielo? ¿Cómo podemos pensar a Dios, a sus ángeles y a sus santos? ¿Qué relación existe entre la realidad material de nuestro cuerpo y la naturaleza divina, y entre el espesor temporal de nuestros días y la sustancia de la eternidad?

Cada uno de los grandes sistemas monoteístas del Medio Oriente ha contestado de diferente manera estas interrogantes (cuya formulación constituye ya en sí misma una delimitación particular del horizonte religioso).

El judaísmo y el Islam optaron por una trascendencia radical que clausuraba toda posibilidad de antropomorfismo. El cristianismo, por su parte, recogió de su herencia hebrea el principio de la creación del hombre a imagen de Dios y pudo proponer, gracias a sus dramáticas innovaciones en materia de doctrina (la naturaleza plural —trinitaria— de una divinidad que se manifiesta a través de la corporeidad humana —la Encarnación—), un camino original, distinto tanto del politeísmo helénico que prevalecía en el tiempo de su formación como de la alteridad fundamental de lo divino transmitida por su legado semítico.

Los cristianos pudieron así no sólo nombrar a Dios sino llamarlo Padre y reconocer en Él sentimientos fraternales hacia los hombres y actitudes filiales hacia Dios mismo y hacia una Mujer; pudieron también saberlo físico, corpóreo, semejante y próximo.

La "revolución trinitaria" y el "escándalo de la Encarnación" convierten al cristianismo, desde las más estrictas perspectivas judaicas e islámicas, en un politeísmo y en una idolatría reductora de lo divino a categorías humanas; pero representa para los cristianos una manera única de abolir la obligatoria disyuntiva entre lo uno y lo múltiple y de conciliar la historia y la eternidad, lo absoluto y lo contingente, y superar así la brecha insalvable entre la complejidad infinita de la realidad y la limitada capacidad de la razón. La respuesta cristiana a los enigmas de la esencia divina (Trinidad) y a la índole de sus relaciones con los hombres (Encarnación) provocó por su carácter paradójico (ambas fórmulas obligan a hacer coincidir nociones antagónicas) una aguda y fecunda tensión en las civilizaciones que fueron alcanzadas por su influjo.

Los modelos para representar conceptualmente o de manera sensible a Dios y sus relaciones con los hombres (la teología y el arte sacro) han estado sometidos a través de la historia de la cristiandad a un fuerte dinamismo interno, fruto de esa tensión.

Las orientaciones excesivamente polarizadas hacia uno de los extremos: lo uno o lo trino, la divinidad o la humanidad de Jesús, han producido en el transcurso de los siglos conflictos, divisiones, herejías. La mayoría de las grandes familias cristianas, sin embargo, situadas en el vértice del misterio, continúan manteniendo el difícil equilibrio que las obliga a superar los límites de lo racionalmente pensable. El extraordinario refinamiento de los instrumentos conceptuales que han surgido de esa tensión es sin duda una de las más importantes riquezas del mundo cristianizado y una de las fuentes más importantes de la vitalidad de la cultura occidental.

Algo parecido sucede en el terreno de las artes: ¿Cómo representar el cuerpo de Jesús, tan semejante al nuestro "en todo excepto en el pecado", pero participante al mismo tiempo de la naturaleza divina? ¿Cómo hacerlo ver a nuestros ojos mortales? ¿Qué analogías pueden existir entre la Carne Redentora —la de Cristo— y la redimida —la nuestra— y entre los cuerpos celestiales de los miembros de la Iglesia Triunfante —los santos— y los cuerpos terrenales de los batallones de la Iglesia Militante —los fieles vivos—?

Las respuestas a estas preguntas no han sido unánimes entre los cristianos. No todas las grandes confesiones han resuelto de igual manera esas intrincadas ecuaciones. Ni siquiera dentro de la misma familia el tratamiento de la imagen que hace referencia al mundo sobrenatural ha sido uniforme a lo ancho de la geografía o a lo largo del tiempo. En el mismo momento y en el mismo lugar se manifiestan sensibilidades diferentes (que hacen eco a las distintas

religiosidades, por ejemplo la de un teólogo y la de un rústico) y que tienen como consecuencia expresiones artísticas muy diversas. Ellas engrandecen con sus ópticas complementarias el patrimonio cultural de la humanidad entera.

Estas estatuas se refieren tanto a las personas divinas como a la Virgen Madre o a los ángeles y santos de la corte celestial. De ellos, sólo el cuerpo de Jesús y el de María gozan ya de su plenitud corporal. Los restos de los bienaventurados aguardan la resurrección del último día, mientras que las representaciones del Padre Eterno o del Espíritu Santo sólo pueden asociarse a la materia carnal de una manera metafórica, alegórica o emblemática.

Toda tentativa de acercamiento a una obra humana requiere por lo menos un burdo esfuerzo de comprender sus condiciones de posibilidad. Este arte no sería como es si no estuviera sustentado por la intrincada base doctrinal y cultural que hemos aquí apenas vislumbrado. Sus obras no hubieran podido surgir en una civilización que no considerara a Dios como una realidad plásticamente representable, o que se sintiera amenazada por esas representaciones (es decir, por el peligro de idolatría que ellas podrían entrañar). Estas efigies son producto de una civilización que logró superar esos temores y aceptar también la legitimidad moral de las funciones sensoriales y de los afectos sensibles y el intrínseco valor de una carne compartida por Dios y por los hombres.

Estamos aquí ante una colección que nos presenta la respuesta específica que los miembros de una de las tribus del pueblo cristiano —que fueron los ancestros de los actuales mexicanos— formularon a esa pregun-

Adoración de los pastores. *Relieve novohispano, parte de un retablo del siglo XVIII, estofado y policromado. Detalles. 197 x 105 x 15 cm.*

ta esencial: ¿cómo representar la carne gloriosa? Estas obras, respuestas formuladas en la madera y en el oro, se presentan a su vez en nuestra mirada interrogante: ¿qué saben de nosotros estas imágenes mudas?

## L A   M E M O R I A   Y   E L   M U S E O

Las salas dedicadas a la escultura en el Museo Franz Mayer exhiben objetos que pertenecen fundamentalmente a dos grandes conjuntos: los estofados novohispanos y las tallas alemanas y flamencas del Medievo tardío o del Renacimiento temprano. Resulta significativo que el eximio mecenas haya reunido precisamente esas colecciones: él hubiera podido construir series distintas acompañando, por ejemplo, sus estatuas noreuropeas con otras del Renacimiento italiano (que hubieran sido su prolongación diacrónica natural), o bien complementando sus colecciones novohispanas con obras francesas de los siglos XVII y XVIII (que hubieran constituido su evidente prolongación sincrónica). ¿Por qué están tales conjuntos prácticamente ausentes de las colecciones del museo y se encuentran reunidas, por el contrario, estas obras de distinto origen geográfico y de diferente periodo? Los dos grupos que forman la sala de escultura están ligados por estrechos y numerosos vínculos. En ambos casos se trata, por supuesto, de obras de arte destinadas al culto. Habíamos señalado otra semejanza: el papel de la escultura en las religiosidades barrocas se asemeja más, en algunos puntos, al que desempeñaban las imágenes sagradas de las épocas anteriores al Renacimiento que al de periodos más cercanos. La espiritualidad tridentina, en su ruptura con el catolicismo erasmiano, había fortalecido ese nexo cultural que iría desvaneciéndose en el resto de la cristiandad occidental a medida que los siglos avanzaban.

Sin embargo, los rasgos y las formas de numerosas tallas europeas permiten vislumbrar actitudes más cercanas al intenso sentido de trascendencia de los iconos ortodoxos o, por el contrario, al radiante gozo interior de los ángeles de Champaña o a la grácil humanidad de las madonas de la Isla de Francia, mientras que en las

Arcángel San Rafael. *Escultura española del siglo XVII, estofada y policromada. 68 x 32 x 35 cm.*

esculturas americanas de la primera época se perciben actitudes emparenta-
das con la serenidad y la nobleza de las efigies italianas. De esta manera,
unas y otras toman distancia del patetismo dolorista que puede ha-
bitar las efigies novohispanas más tardías.

La colección europea es el antecedente mediato de la mexicana. Entre ambas tiende su sombra un puente presti-
gioso representado en el museo por algunas obras de
hermosa factura: la gran escuela española de escultura policroma que alcanzó desde el siglo XVI las al-
turas insignes de que nos da muestra el Museo de
Valladolid.

La escultura medieval y renacentista había
sido menos opulenta en el uso de sus materiales. El oro de América, al irrumpir con
violencia en los flujos mundiales de intercambio, desquició las economías
europeas produciendo milagros
(Italia, Flandes, Holanda) y tra-
gedias (España). Sevilla, capital del Atlántico, fue así el
ojo de un ciclón artístico
literalmente espectacu-
lar, fuertemente inspi-
rado en el arte esceno-
gráfico: la talla de
los retablos de
m a d e r a
dorada
y la

imaginería de la escuela andaluza cuyas figuras señeras son respectivamente Jerónimo de Balbas y Juan Martínez Montañés.

En el resto de Europa, fuera de la península ibérica, el oro americano no provocó movimientos de esa naturaleza (aunque evidentemente enriqueció la orfebrería, los textiles, la decoración y la ebanistería) puesto que para esas otras sociedades, transformadas en profundidad por el Renacimiento — y después por la Ilustración—, el oro era cada vez menos signo y ofrenda destinada al Creador y a los ojos de los creyentes y cada vez más fundamento del poder social y político e instrumento de inversión y de intercambio.

Por tal razón este arte de oro es paradigmáticamente mexicano; no por su uso de la caña de maíz o del *tecali*; no porque sea exclusivo o genuino de esta tierra (es, felizmente, un arte híbrido como suelen serlo las obras humanas): ésta es una variante particular de un movimiento plástico que recibió del drama de la Conquista, es decir, del oro pero también de las nuevas perspectivas abiertas por la evangelización, una vocación y un impulso.

Al hablar del oro y del mundo novohispano es imposible soslayar la intrincada y perversa relación simbólica que los une. La identidad de esa cultura estuvo marcada desde su origen por reflejos brillantes, como nos recuerda sor Juana ("…que yo, señora, nací/ en la América abundante,/ compatriota del oro,/ paisana de los metales…"). Tanto se contempló este reino, el minero de Europa, en espejos bruñidos de oro y de plata que terminó creyendo que no podía escapar a un destino circular y nefasto: búsqueda febril de la fortuna, explotación apresurada de sus recursos, bonanza desmedida y breve, largas madrugadas de oscura zozobra. A pesar de los siglos transcurridos no parece que la lección haya sido aprendida.

El ojo perspicaz de Mayer supo definir con gran discernimiento sus colecciones: las series escultóricas cuya ausencia habíamos señalado (la del Renacimiento neopagano y la del racionalismo ilustrado) corresponden precisamente a dos piezas mal ajustadas en el rompecabezas de la cultura mexicana. Esas obras no están presentes en el museo porque

las ideas y el espíritu del que ellas eran vehículo (como hemos visto aquí al hablar de las representaciones del cuerpo) irrigaron con mucha parsimonia estos trópicos, empapados como estaban por dos exuberancias, ambas teocéntricas: la prehispánica y la barroca.

Las colecciones de escultura europea y novohispana, por otra parte, mantienen nexos fundamentales con otras del mismo museo que podrían parecerles heterogéneas. Habíamos señalado las semejanzas que afloran respecto de los motivos ornamentales entre objetos y soportes materiales muy diversos entre sí: de la cerámica a los bordados de las capas pluviales, de la laca de China o de Michoacán a la plata repujada, los trazos se copian, se inspiran, entran en diálogo. Estos objetos poseen una de las mayores cualidades que pueden enaltecer a una obra de arte: suscitar la emulación fecunda, la inspiración que trasciende las fronteras del propio lenguaje plástico.

Las galerías que los visitantes disfrutan son la punta de un espléndido *iceberg*. Las salas, la biblioteca y las reservas del museo son sorprendentes por sus fondos y admirables por el rigor y el cariño con que las piezas —y los volúmenes— reciben protección y cuidado. En un almacén, de pronto, al lado de tesoros más conspicuos, una pequeña estatuilla asiática ilustra una de las características fundamentales del arte mexicano que don Franz, como lo llaman los iniciados, y el museo que perpetúa su nombre supieron perfectamente detectar y poner de relieve: la disponibilidad de su espíritu al influjo benefactor de los aires lejanos.

Las imágenes que han encontrado abrigo y afecto en estas salas ya no son veneradas de hinojos aunque continúen suscitando miradas atónitas. Los retablos, nichos y hornacinas que les daban cobijo han desaparecido barridos por los vientos de la fatalidad y, sobre todo, de la ignorancia. Tampoco están ya aquí las plataformas que las hacían navegar sobre la masa compacta de los fieles los días de procesión, ni las oscilaciones de las velas, ni el incienso, ni el calor de las plegarias, ni la atmósfera vibrante por obra de los coros y las escolanías. Por eso nos es posible descubrir en estas estatuas rasgos difícilmente perceptibles a los ojos de sus contemporáneos. Ellas son, además, el eslabón entre nosotros y tantas imágenes que permanecen en su sitio, vivas todavía como objetos de reverencia y como vehículos de teofanía. El mundo de la piedad barroca de la época novohispana no ha desaparecido de México en los albores de este nuevo milenio, y si bien es cierto que estos objetos son cada vez más enigmáticos para muchos citadinos hijos de esta época, una de las mayores riquezas de un país donde coexisten —como en las capas superpuestas y complementarias de una tela estofada— no sólo diversas culturas sino diferentes civilizaciones (de la neolítica a la postindustrial) es, precisamente el que objetos semejantes puedan poseer, para diferentes espectadores, significados muy distintos.

Sujetos taumaturgos, efigies venerables u objetos de asombro (según que la mirada sea barroca, postconciliar —del Vaticano II—, o laica), estas obras de arte son depositarias ahora de una nobilísima doble misión, legada por Mayer: sobrevivir, ser vínculo entre esas tres miradas (y entre esas tres familias que forman parte de la comunidad nacional y de la estirpe humana), porque si entre la esperanza y la sabiduría existe un lugar para la memoria, entre el destino y la civilización hay felizmente un lugar para el museo.

*Padre eterno.*
*Escultura*
*novohispana*
*de los siglos*
*XVII-XVIII,*
*estofada y*
*policromada.*
*86 x 58 x 30 cm.*

# ESCULTURAS NOVOHISPANAS

## TALLERES Y TÉCNICAS

*María del Consuelo Maquívar*

l Museo Franz Mayer custodia entre sus magníficas colecciones una buena muestra de escultura novohispana que, aunada a otras obras europeas, permite apreciar una de las artes más significativas de todos los tiempos. Este hecho no es fortuito: refleja el gran interés y "buen ojo" del coleccionista que supo agrupar obras representativas del periodo colonial en México. Franz Mayer no podía estar ajeno a una de las tradiciones artísticas más antiguas que, a la llegada de los españoles, se transformó y enriqueció con los patrones y las técnicas europeas.

Ahora bien, al contemplar la colección de tallas novohispanas surgen varias preguntas. ¿Por qué en su gran mayoría se trata de imágenes religiosas? ¿Por qué hay una preponderancia de esculturas ejecutadas en madera, policromadas y estofadas?

## DEL COBRE AL HIERRO EN LOS TALLERES CONVENTUALES

Las respuestas están estrechamente relacionadas con la historia de la evangelización de la Nueva España. Los primeros frailes misioneros trabajaron arduamente para que la población indígena asimilara la nueva religión, pero también les transmitieron las nuevas técnicas de construcción y ornamentación, útiles en la magna empresa edificadora que había emprendido la Corona española en estas tierras.

En este campo el franciscano fray Pedro de Gante fue una figura notable. Su genio como educador fue ejercitado plenamente en la escuela que fundó en el convento de San Francisco de México, junto a la capilla de San José de los Naturales. Allí los indígenas aprendieron la religión, la lectura y la escritura del castellano, el canto y los diversos oficios. Esta escuela-taller fue el modelo de las demás órdenes religiosas que evangelizaron y fundaron los pueblos de indios. En cada uno de los grandes complejos conventuales de franciscanos, dominicos y agustinos existió un centro de este tipo que propició la enseñanza de la doctrina cristiana y de las llamadas "artes mecánicas".

Sobre el tema vale la pena transcribir algunos párrafos de la famosa *Historia eclesiástica indiana*, del cronista franciscano fray Jerónimo de Mendieta: "Había entre ellos [los indios] grandes escultores de cantería que labraban cuanto querían en piedra, con guijarros o pedernales [porque carecían de hierro], tan prima y curiosamente como en nuestra Castilla". Al escritor le admira-

*Páginas 38a la 43: Nacimiento. Esculturas novohispanas del siglo XVIII, estofadas y policromadas, sobre la Virgen María, 36 x 18 x 15 cm, san José, 31 x 18 x 17 cm, y un arcángel. 36 x 16 x 20 cm.*

ba la técnica para labrar la piedra, que consistía en desbastar las superficies con otras piedras.

En cuanto a las tallas en madera, el cronista menciona que "los carpinteros y entalladores labraban la madera con instrumentos de cobre, pero no se daban a labrar cosas curiosas como los canteros". Es interesante notar que las herramientas de cobre que utilizaban los naturales para tallar la madera fueron suplidas después por otras de hierro, introducidas por los españoles. Mendieta compara las tallas en ambos materiales y destaca los trabajos en piedra.

Los testimonios de franciscanos, agustinos y dominicos son en verdad numerosos; siempre hay expresiones de alabanza y, en ocasiones, parecen exagerados los adjetivos que utilizan para ponderar la producción indígena: Motolinía dice que "luego que ponen la mano en cualquier oficio y en pocos días salen maestros" y fray Bartolomé de las Casas, el gran dominico defensor de los indios, escribió que "los misterios e historias de nuestra Redención es maravilla con cuanta perfección los hacen".

Algunos de estos registros históricos nos ilustran sobre los antecedentes de la gran producción escultórica novohispana. Si se comparan con el cúmulo de escritos de la época, son sólo someros comentarios de los frailes, que bien pudiéramos pensar fueron hechos con cierto sentido de "autoadmiración" y de lícito reconocimiento hacia la labor de sus propios compañeros. Aunque también los viajeros laicos y los escritores seglares dedicaron sus líneas a estos trabajos: "Todos en gusto y en quietud dichosa siguen pasos y oficios voluntarios, habiendo mil para cualquier cosa. Alquimistas sutiles, lapidarios y los que el oro hurtan a la plata con invenciones y artificios varios; el pincel y escultura, que arrebata el alma y pensamiento por los ojos, y el viento, cielo, tierra y mar retrata". Así describió el gran poeta Bernardo de Balbuena en su

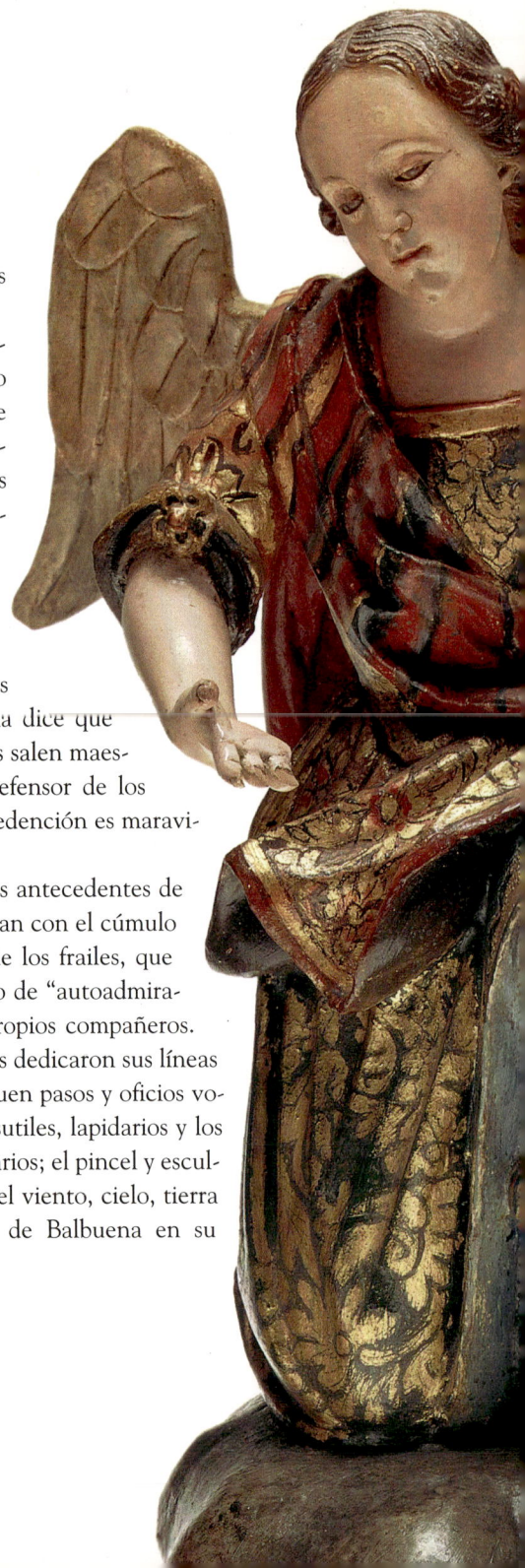

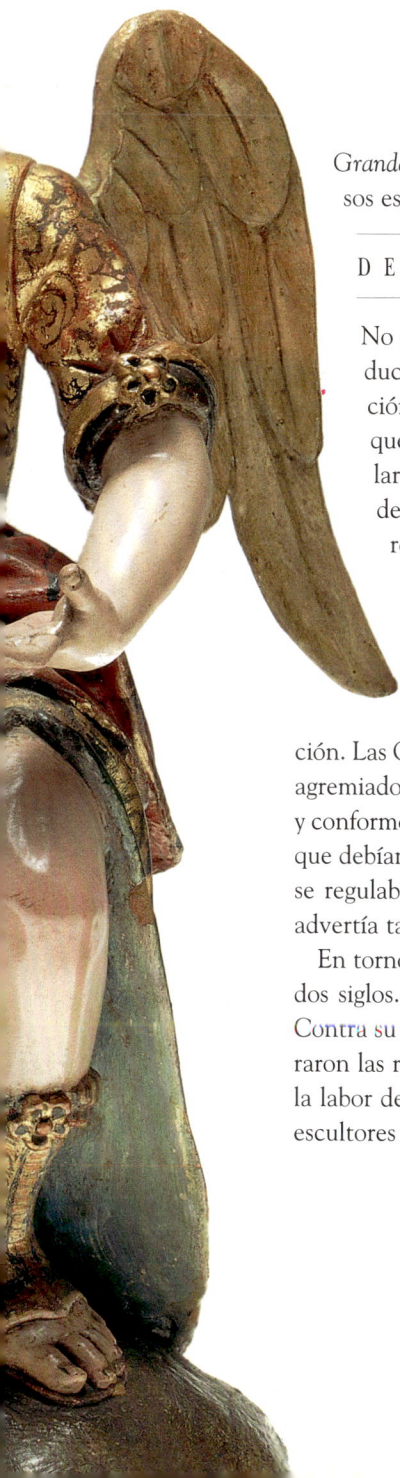

*Grandeza mexicana* a los artífices indígenas que llenaron con las obras de sus manos los diversos espacios arquitectónicos de la capital de la Nueva España.

## DEL TALLER CONVENTUAL AL TALLER GREMIAL

No se sabe cuándo dejaron de funcionar los talleres conventuales para dar paso a la producción gremial. Sin embargo, desde las primeras décadas de la colonización esta producción se realizaba en talleres de la ciudad de México. En los pueblos de indios de lo que hoy llamamos "provincia mexicana" los complejos conventuales se secularizaron a partir del siglo XVII. Los talleres gremiales "absorbieron", por así decirlo, la mano de obra indígena, pues, como se ha demostrado en estudios recientes, los nativos también participaron en este sistema de trabajo. No podían hacerlo fuera de estas corporaciones, ya que si desobedecían las Ordenanzas, se les sancionaba con graves multas o quedaban fuera de la competencia del resto de los productores y artistas.

La organización gremial fue el único medio a través del cual la Corona española ejerció el control sobre la producción. Las Ordenanzas eran las estipulaciones que regían cada trabajo. Los agremiados —de acuerdo al oficio o arte que ejercían— debían acatarlas y conforme a ellas se realizaban los ascensos. En ellas se especificaban los exámenes que debían presentar los oficiales para ser reconocidos como maestros y, por último, se regulaba la compra y venta del producto de sus habilidades y destrezas. Así se advertía también a qué sanciones se hacían acreedores si no cumplían las reglas.

En torno a los escultores se suscitó una polémica interesante a lo largo de casi dos siglos. Las primeras normas que regularon el oficio se expidieron en 1568. Contra su voluntad, fueron agrupados con los carpinteros. En 1589 se reconsideraron las reglas anteriores y, aunque no lograron separarse del todo, se definió la labor de los entalladores como los que elaboraban los retablos, en tanto los escultores trabajaban las imágenes exentas. Un siglo después, en 1704, se expidie-

ron las últimas ordenanzas. Finalmente habían logrado defender el oficio y, con carácter de gremio independiente, conservaron en esencia las regulaciones anteriores.

La participación del indígena dentro del gremio de escultores fue siempre destacada. A través de las Ordenanzas se observa cómo fue valorado su trabajo. Se protegieron los productos de sus manos para que no fueran revendidos por los españoles, especialmente en lo referente a las imágenes sagradas.

## DE LA IMITACIÓN A LA CREACIÓN

Al acercarse a la escultura novohispana, ya sea admirando las fachadas pétreas renacentistas o barrocas, o a través de los imponentes retablos dorados del siglo XVI, de los testimonios salomónicos y estípites, o bien al disfrutar obras notables de la colección Franz Mayer o del Museo Nacional del Virreinato, entre otros, surgen algunas observaciones. En primer lugar se aprecia una repetición de modelos que evidencia la "copia" de grabados, estampas y, desde luego, imágenes europeas traídas a estas tierras. Ya los cronistas habían resaltado este hecho. Sus comentarios sobre la facilidad con que los indí-

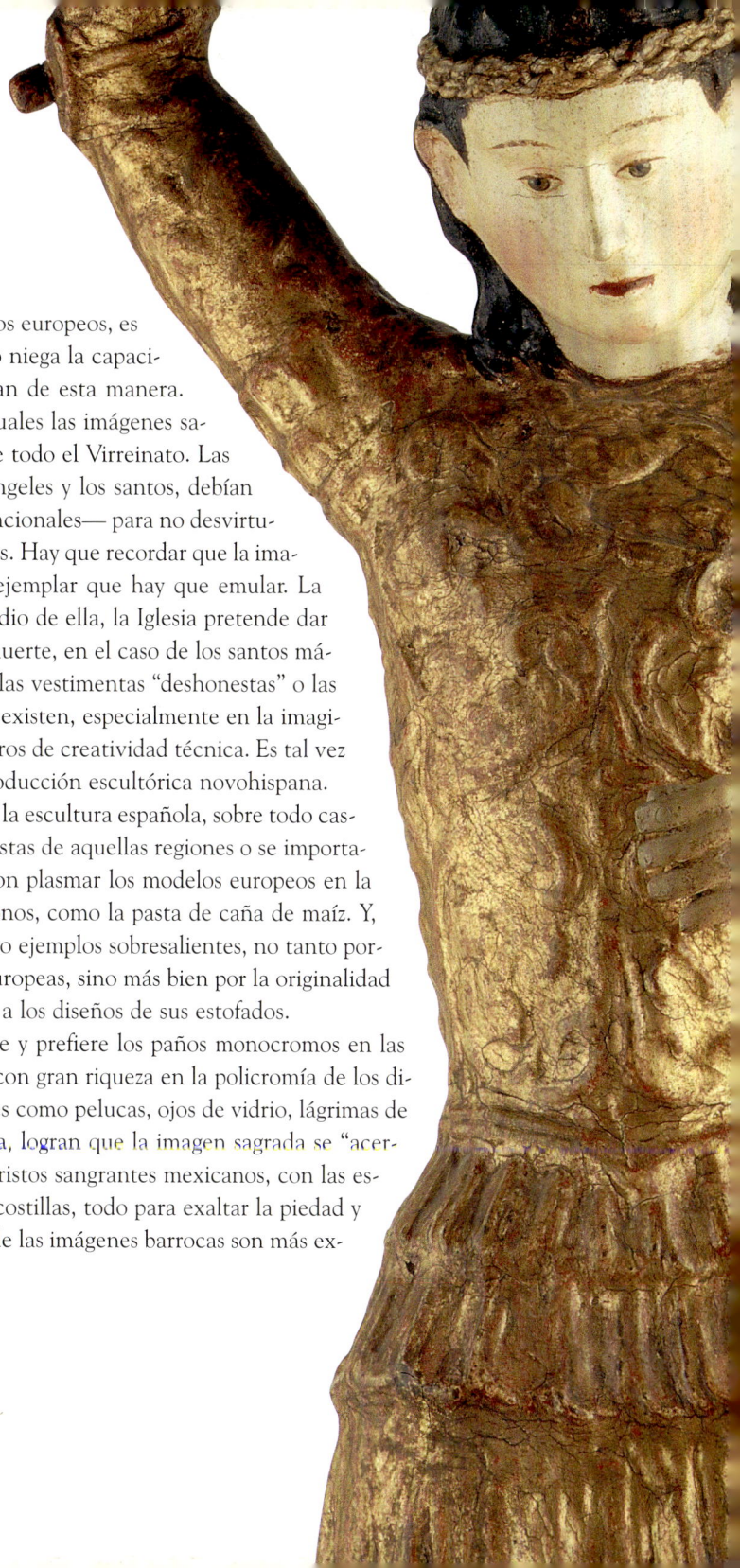

genas "contrahacían", es decir, copiaban los modelos europeos, es reiterativa en varios de sus escritos. Este hecho no niega la capacidad de los artistas; los propios europeos trabajaban de esta manera. Cuando los maestros llevan a los talleres conventuales las imágenes sagradas, se produce este fenómeno, vigente durante todo el Virreinato. Las esculturas de Cristo, de la Virgen María, de los ángeles y los santos, debían elaborarse siguiendo patrones específicos —convencionales— para no desvirtuar su significado y no confundir a los fieles cristianos. Hay que recordar que la imagen sagrada sólo representa las virtudes, la vida ejemplar que hay que emular. La imagen es sólo una forma de llegar a Dios. Por medio de ella, la Iglesia pretende dar la mayor lección de vida, a veces hasta la propia muerte, en el caso de los santos mártires. Por lo tanto no cabían exageraciones como las vestimentas "deshonestas" o las actitudes "excesivamente" humanas. Sin embargo existen, especialmente en la imaginería barroca de los siglos XVII y XVIII, ejemplos claros de creatividad técnica. Es tal vez en estas obras donde bien puede distinguirse la producción escultórica novohispana.

No puede hacerse a un lado la gran influencia de la escultura española, sobre todo castellana y andaluza, pues llegaron a estas tierras artistas de aquellas regiones o se importaron sus obras. Los escultores novohispanos supieron plasmar los modelos europeos en la piedra, en la madera y en otros materiales autóctonos, como la pasta de caña de maíz. Y, a medida que se avanza en el tiempo, van surgiendo ejemplos sobresalientes, no tanto porque hayan roto con las tradiciones iconográficas europeas, sino más bien por la originalidad de su técnica, particularmente en lo que se refiere a los diseños de sus estofados.

Mientras España se aleja del colorido abundante y prefiere los paños monocromos en las vestimentas, la Nueva España produce esculturas con gran riqueza en la policromía de los diseños del estofado. A través de materiales auxiliares como pelucas, ojos de vidrio, lágrimas de cristal, aureolas y resplandores de plata y calamina, logran que la imagen sagrada se "acerque" al espectador. Baste recordar a los famosos Cristos sangrantes mexicanos, con las espaldas laceradas y entreabiertas que dejan ver las costillas, todo para exaltar la piedad y la devoción de los fieles. Por otro lado, los rostros de las imágenes barrocas son más ex-

San Miguel Arcángel. *Escultura novohispana del siglo XVII, en pasta de caña, estofada y policromada. 115 x 30 x 9 cm.*

presivos. Sin perder la "compostura" que estipularan las normas tridentinas desde el siglo XVI, se promueven el misticismo, la oración y la fe.

## DE LA TÉCNICA PICTÓRICA EN LOS ESTOFADOS

En cuanto al gremio de los pintores, es interesante señalar su participación en la escultura novohispana. Una vez que el escultor terminaba de tallar una imagen debía turnarla al maestro pintor, quien también bajo contrato se había comprometido a encarnar y estofar la escultura. Las mismas Ordenanzas especifican la prohibición de que se alterara esta orden, es decir, un escultor no podía realizar trabajos de pintor y viceversa.

Quizá conviene recordar brevemente en qué consistía su labor: cuando el pintor recibía la escultura, debía esperar un periodo de tres meses para que la madera secara perfectamente, de lo contrario se dañaba la policromía después de aplicarla. También había casos en que el escultor se comprometía a entregar la pieza ya seca y preparada, con su capa de yeso que servía para cubrir y cerrar los poros de la madera.

El siguiente paso consistía en cubrir con bol la pieza, solamente en aquellas partes donde iba a realizar labor de estofado, esto es, las vestimentas, ya que el rostro y las partes descubiertas del cuerpo se trabajaban al final con la técnica de la encarnación.

Preparada la superficie con el bol y una capa ligera de cola, se iban aplicando las pequeñas hojas cuadradas de oro, que se distinguían porque eran muy delgadas, pero, a la vez, resistentes. Sin embargo, esta labor debía hacerse con sumo cuidado, pues si se arrugaba, se echaba a perder, ya que al pasar la piedra de ágata para bruñirlo, lo trozaba. Después de esto, con una plantilla que tenía los diversos motivos decorativos, se pintaba con diferentes colores; era importante que los dibujos aparecieran con sus perfiles correctos y que conservaran las distancias adecuadas para obtener una armoniosa apariencia.

Finalmente, cuando se secaba la pintura, se procedía al "esgrafiado", que consistía en raer, con punzones de diversas formas, los colores que cubrían el oro que servía de fondo, con rayas de

*Santiago Matamoros. Relieve novohispano del siglo XVII, estofado y policromado. 120 cm de diámetro y 25 cm de espesor.*

*Página siguiente: Santiago Matamoros. Escultura novohispana del siglo XVII, estofada y policromada, con guarnición de hierro forjado.*

diverso grosor: puntos, rombos, círculos, etcétera. Cabe apuntar que era muy importante la mayor o menor presión que se daba a los punzones, pues según su intensidad se lograban imprimir las diversas texturas que se requerían.

Las Ordenanzas de los pintores estipulaban claramente que para poder ser maestro, además de demostrar que se sabía pintar al fresco y sobre lienzo, se debía conocer la técnica del estofado... "sino que sea general en todo lo que toca a su arte y que sea examinado en un bulto de madera y que en este bulto se examine de estofador, dorador, encarnador de mate y pulimento". Como se ve, se mencionan las dos técnicas de la encarnación, aquélla que se dejaba opaca, sin pulir, y la que se bruñía. En la escultura novohispana se dio más la del primer tipo, prefiriendo, sobre todo, los tonos rosados.

## ESCULTURAS DEL MUSEO FRANZ MAYER

La colección de esculturas del Museo Franz Mayer cuenta con excepcionales tallas europeas, guatemaltecas y novohispanas. Existen también trabajos en gran variedad de materiales: piedra, *tecali* (el mármol mexicano), alabastro, madera, marfil, cerámica y pasta de caña de maíz.

Hay, además, relieves característicos de los periodos renacentista y barroco del siglo XVII, así como imágenes exentas, de bulto redondo, que debieron formar parte de algunos retablos, e imágenes pequeñas utilizadas en las capillas y adoratorios domésticos. La colección de esculturas novohispanas es la más amplia y, entre ellas, sobresalen las tallas en madera policromada y estofada. En cuanto a los temas iconográficos, puede decirse que el conjunto ofrece ejemplos representativos del devocionario novohispano.

Entre las obras realizadas en *tecali* destaca la Trinidad antropomorfa, del siglo XVII. Constituye un caso excepcional pues no era común que se trabajaran separadas las tres divinas Personas. Lo habitual era presentarlas como en el magnífico relieve en madera, también ejecutado en el siglo XVII: Dios Padre en el centro, plenamente identificado con el sol y al centro de la composición; Dios Hijo a su derecha, con el cordero, y el Espíritu Santo con la clásica paloma en el pecho.

Virgen con el Niño. *Relieve novohispano del siglo XVIII, estofado y policromado.*

*Página anterior: Detalle.*

Santiago Matamoros, llamado Santiago Caballero, que representa al apóstol, hermano de san Juan Evangelista, como el gran "conquistador" de almas, aparece en un hermoso relieve y en imágenes exentas talladas en madera, policromadas y estofadas. No podía faltar este santo en la colección.

La imagen legendaria del apóstol que luchó "codo con codo" por la reconquista de España, fue visto años después cabalgando en su blanco corcel al lado de las huestes peninsulares, arrollando a los indígenas. De ahí que también fuese representado con los restos de estos últimos a sus plantas, como en el magnífico relieve del Santiago "mataindios" que formara parte del retablo que mandó hacer fray Juan de Torquemada para la iglesia del convento franciscano de Santiago Tlatelolco.

En marfil fueron tallados san José y la Virgen María con el Niño Jesús, así como la imagen de Cristo crucificado. Estas piezas constituyen bellas pruebas de la gran importancia que tuvo el tráfico comercial con las Filipinas a través de la ruta del "tornaviaje", que partía del puerto de Acapulco.

San Jorge, caballero y mártir legendario del siglo IV, viste el atuendo militar y empuña su espada para vencer al "dragón" o demonio que, por desgracia, ha desaparecido del conjunto. Esta escultura tiene singular trascendencia, no sólo por su iconografía, sino por los materiales con que fue ejecutada. Se trata de una pieza realizada con la técnica prehispánica del modelado en pasta de caña de maíz, que fuera muy apreciada por los europeos. Existen los documentos y las obras que fueron trabajadas por encargo, para ser exportadas a España. Una de las razones por las que se fabricaron muchas de estas piezas para las iglesias novohispanas y españolas fue la ligereza de sus materiales (pasta de caña de maíz, carrizos, papel amate), que permitía que se hicieran imágenes de gran tamaño de carácter procesional. El museo tiene singulares ejemplos de imágenes devocionales en madera tallada, policromada y estofada. Santa Catalina de Siena y

*Arcángel san Rafael. Escultura novohispana del siglo XVIII, estofada y policromada.*

santa Catalina de Alejandría aparecen juntas en un relieve del siglo XVII que debió formar parte de la predela de un retablo. Realizado en el mismo siglo, el bello relieve que representa la Adoración de los pastores muestra a los personajes con cierta ingenuidad en el trabajo de la talla y en el aprovechamiento del espacio, ya que la perspectiva y la profundidad no se lograron del todo. Quizá el escultor novohispano tuvo dificultad en plasmar en madera tallada el grabado que le sirvió de modelo. Sin embargo, el trabajo del estofado es en verdad sobresaliente.

En cuanto a las esculturas exentas pueden distinguirse la imagen de san Francisco de Asís con la Virgen y Dios Padre entronizado; la Virgen María en sus diversas advocaciones y santa Ana. Todas tienen las características de la escultura novohispana: cuerpos con pocos detalles anatómicos, a veces actitudes hieráticas y rostros convencionales e inexpresivos. Es notable el trabajo de talla, de policromía y el estofado del par de santas doncellas, una de las cuales está identificada como santa Lucía por tener los ojos sangrantes; la otra bien puede ser santa Águeda, pues aunque no lleva atributo alguno que la identifique, presenta las mismas características formales. Seguramente se exhibieron en pareja, en algún retablo barroco del siglo XVIII, como lo indican el volumen y el movimiento de los paños de sus vestimentas.

En ambas imágenes se distinguen las huellas de los punzones de diversas formas y profundidades, de esa manera se lograron las texturas de las túnicas y de los mantos. Por otro lado, cabe destacar la talla, posiblemente debida a un escultor del siglo XVIII, conocedor de su oficio, que supo manejar estupendamente las secciones del bloque de madera para dar las proporciones adecuadas a las diferentes secciones del cuerpo y desplazar aquéllas que imprimen el movimiento característico de la época barroca.

Falta mucho por decir de esta magnífica colección, sin embargo, con estos breves comentarios sólo se ha querido resaltar la trascendencia que tuvo este trabajo novohispano. Si en su tiempo cumplió con una finalidad religiosa devocional, hoy en día nos permite adentrarnos en la historia y en el arte de la Nueva España.

Niño Jesús. *Escultura novohispana del siglo XVIII, estofada y policromada, con estandarte de plata y resplandor de plata sobredorada.*

# HEAR ME WITH YOUR EYES

## *In Praise of the Body Veiled*

Alfonso Alfaro

# THE GREAT THEATER OF HEAVEN

There is only one thing more sumptuous than a baroque brocade: its representation in carved and gilded drapery.

Beneath ethereal folds, all the more improbable for the overwhelming richness of the original fabrics, a body is suggested in its minimal expression. The curve of a knee, perhaps, sensed behind countless layers of underskirt. Many times, only the smooth texture of the face and hands bear witness to the glories of the flesh.

Between the Renaissance and the Rococo, between the high periods of Italy and France, the Golden Age of Hispanic cultures propounded its own idea of the body.

Renaissance representations of man and woman had paid homage to greatness of spirit. The vigor of the flesh commanded the viewer's admiration, for it could offer embraces that would not have been scorned by the gods of mythology. The Rococo century, on the other hand, highlighted the exacerbated sensibility of a skin lit from within by a stoical levity, a skin with no illusions of resurrection which offered itself to the voluptuous trivia of a caress.

Between the two, the elusive body conceived by our colonial centuries was neutralized, smothered by the flatness of its surface and buried under pleats, ruches, robes, lace and embroidery.

This was the case both for representations of the secular, aristocratic body and for those of religious figures. The sober attire and austere body shown in the portraits of monks and nuns formed a counterpoint to the reckless paraphernalia adorning the "crowned nuns." In the latter paintings, the exuberance of the headdresses celebrates the mystic betrothal to Christ of the virgins who were committing themselves to a chaste conventual existence.

What is the relationship between these two excesses, one a severe bodily discretion, the other an equally extreme opulence of dress?

In the first, clothing was more than just a second skin; rather it was a substitute for skin. The quenched, quelled, muted body proclaimed its exaltation—for this is a baroque body, after all—far and wide with a vestmental delirium barely channeled by the laws of chromatic polyphony. The baroque body harbored an intense vitality, which found expression in the vehemence of so richly worked an epidermis.

Between the Renaissance embrace and the eighteenth-century caress, both tokens of radical individual autonomy, the bodies of New Spain—plunged into a heterogeneous brotherhood which leveled subjects and believers—strove with faltering modesty to silence the joys of touch by transmuting them into visual demands.

The extravagances of one sense thus compensated for the austerities imposed upon the other. Only before a gaze, one's own or another's, could that which other voices fought to sing out be silently declared.

For the skin of these bodies was frequently represented in a state of suffering: backs lacerated by scourges or whips, torsos flayed by hair shirts or scorched by fire, the forms of the damned in the grip of hellish demons. Martyred bodies were likewise subjected to the torments of the arrow, the sword, the lance, the wheel.... But the object of the greatest viciousness, the most dogged cruelty, was the sacrosanct figure of the Redeemer. His body became an open wound, his limbs were plowed by the bloody weal of torture. At the other extreme, the transports of mysticism could inflame the whole being of one who surrendered to the sensual delights of spiritual consolation. The body of the baroque centuries could be represented under three modes: concealment, exultation (in pain or bliss) and dazzlement.

Such was the affective and sensorial regime in the society that gave rise to the art which occupies us today. The depiction of the body in glory cannot be divorced from the alternative images prevailing in this universe, especially if

*Página anterior:* Coronación de la Virgen. *Relieve novohispano del siglo XVIII, estofado y policromado. Detalle.*

we take account of the essential sameness of the two materials recognized by Catholic theology, since both are redeemed: the sinning body is also a body destined to be resurrected.

Between the carved cloth framing the face and hands of the saints, and the eyes of their contemporaries, there was a closer relationship than we might suppose today. These were societies in which treasures were measured in priceless fabrics and paintings, in which ethnic identity and social standing were marked by the type and quality of one's clothing, and in which there was, moreover, a continuous line between courtly attire, the garments worn by certain pious images, sacred liturgical vestments (there are some superb examples in the Franz Mayer Museum's other collections) and the imitation of the cloth that covered these statues.

The motifs decorating such cloth were similar to those we find on a wide range of non-religious supports, from Chinese silk to Michoacán lacquer-work or Tonalá pottery.

This contiguity between textile fabrics, ornamentation, stylistic conventions regarding the cut of the clothes and, above all, the treatment of the corporeal image in secular and religious art, should not encourage us to overlook the specific nature of these clothed statues decorated through the *estofado* technique of painting on burnished gold.

The Renaissance body had courted the gaze by demanding admiration; the Rococo body aspired to seduce it; but in New Spain, between the representation of noble bodies which begged recognition for their social status, and monastic portraiture, which imposed acknowledgment of their moral stature, the bodies of these saints wrapped in carved cloth of *estofado* decoration produced an impact which went far beyond reverence.

The body represented in glory was more than an evocation or an encouragement to devotions and prayers. The reticence of sixteenth-century Franciscan piety, of the Erasmian Renaissance school (not unlike the sophisticated, urban religiosity of our time in the wake of the Second Vatican Council) was succeeded in Mexico by an overwhelming, fervent cult of imagery and icons. Such images ceased to be pious symbols, becoming genuine agents or thaumaturges, as potent as they had been during the Middle Ages.

Furthermore, in these latitudes, images had been endowed since pre-Hispanic times with a primordial place in ritual practice. A close relation already existed between the eclectic vernacular pantheon and its cult objects, which had led the Europeans to meditate upon the Caribbean notion of *cemí*, and suggested to missionaries the use of the rich Nahuatl term *ixiptla* to denote cult images, as Serge Gruzinski has pointed out.

In popular Tridentine religion of the Hispanic world, the religious image enjoyed a privileged status that was not to be matched in other strata, other periods or other areas of Christianity. The worship of images constituted one of the most important vehicles of the second evangelization spearheaded by the secular clergy and the Jesuits, providing a natural bridge between the old and the new orders.

Perhaps we can understand these objects and their voices a little better if we imagine them in context. That emotional gestuary, which grew ever more intense from the seventeenth to the eighteenth centuries, belonged to figures which the congregation could identify on sight, thanks to their well-known attributes. Some images traveled in liturgical processions, "paying calls" on one another at their various shrines. The figures were able to insert themselves naturally into a "representative syntax," for the altarpiece functioned as a great theater of heaven in which each character played a role in the drama of salvation.

The many carving styles made it possible to suggest a range of situations, or invocations, around a single sacred personage; this tempered somewhat the horrors of seeing bodies mangled by torture. Some statues—especially those depicting angels—were allowed to exhibit limbs with a smooth, neutral surface, since the more allegorical the carnal subject, the less risk in showing the flesh. In other cases, the treatment of exposed limbs managed to divest them of all individuality or realism; the carved drapery was the sole, intense, dramatic language of expressiveness.

Certain effigies were distinguished by a singular function: they were, overtly or covertly, made as receptacles for the mortal remains of someone who was already in heaven, awaiting the trumpets of the Last Judgment to regain his body. The thaumaturgic potency of the image increased in reliquary form, but all versions participated in the semantic economy of Tridentine popular baroque. By association with the holy person it stood for, the body of the image possessed a *virtus* of its own with connotations which, for many indigenous people or those of mixed heritage, were akin to what the ancient lords of the Anáhuac had called *ixiptla*. As is often the case in cultural universes to which Christianity is alien, these figures might enclose a degree of intrinsic efficacy for the devout; they acted at once as symbol, as representation and as theophany. For the peoples of the baroque, the material portrait of the holy body emitted many of the faculties which the actual body was believed to have possessed.

Between the old *châsses* and these reliquaries, between the art of enameled gold and that of a gold as if upholstered into fabric, there are affinities of form and function.

The splendid garments used for liturgical ceremonies interwove softness and light, silk and precious metals. But the carved imaginations of robes that might clothe a celestial body went further than this. Gold became the very matter of these figured fabrics, producing a faint glow beneath the painted surface, or blossoming to the forefront in delicate webs of lace.

Since their raiment was the true surface of these baroque bodies, a golden skin was there to confirm the exceptional nature of the flesh being represented. The color covered the gold, which in turn clad a barely-hinted body, inside which was perhaps deposited a miraculous relic—a real body. The semi-concealed gold trumpeted aloud the truth of the image, its venerable character and its power to intercede on our behalf.

The gold clothing of figures on these sculptural ensembles above the altar produced a delirious correspondence to the immense fabric of the whole, aflame with echoing reflections. At a given focal point on the altarpiece (which, as befits baroque optics, had a multiplicity of centers), the monstrance shone forth. Set into an undulating vertical firmament of gold leaf, a small white sun of unleavened bread radiated beams of silver gilt or solid gold.

For the humble, ecstatic mortal on his knees, gold uncovered hidden truths: the splendor of the monstrance proclaimed that the bread was mere appearance, and that a real body (both human and divine) was concealed there in order to better reveal itself. For its part, the incandescent garb of the robed images (which occasionally picked up the ornamental motifs of embossed gold) asserted the intimately supernatural truth of each chiseled figure. Reality is something other than what the eye perceives, and gold was the element charged with reminding our forefathers of this fact.

Thus two essential vectors of Tridentine religiosity are joined. The emphasis on the Eucharist and the cult of images converged in a pastoral, aesthetic project that indulged the pleasures of sight, rewarding the gaze which accepted with all due humility—as Pedro Calderón de la Barca reminds us (*Life is a Dream...*)—that its perceptions were nothing but metaphors for an inaccessible reality.

The gold framing the faces of Byzantine saints fulfilled a similar function. The solid, shining metal plates became more diminutive as they voyaged further toward Western Europe, where arts and culture were growing steadily more anthropocentric, until they were obliterated altogether in the turmoil of the Renaissance. Our links with this fine tradition of Eastern Christianity are betrayed in the halos which sanctify the figures painted by Giotto, Cimabue, Fra Angelico....

Between the eastern and western poles of a Christianity fractured by the Great Schism, between the image-worship of Byzantium and that of New Spain, the correspondences are profound. Both sprang from a deeply religious people sharing a similar semeiological economy which owed more to Saint Paul than to Plato and which held that the testimony of the senses was no more than a reference, a reflection in a universe whose historical laws were those of grace and those of salvation.

The Episcopal silks of Ibero-America were the last great cathedrals of their kind ever to be raised by Christianity, that is to say, the last products of the effort of an entire society able to recognize in them the symbolic traits of its social countenance, and the last religious works great enough to rank among the most advanced art of their time. Likewise, the art of *estofado* decoration is perhaps the paradigm of this society, one of the last within the European orbit to turn its back on the anthropocentrism that had been a distinctive feature of the Western world for the last five centuries, looking once more to God as the sole fount of all meaning.

It is because of this, perhaps, that such fragile, perishable objects, such anachronic creations on the margin of Western artistic trends (the aesthetic projects of eighteenth-century Europe, for example) become transmuted into a rare and subtle art, capital witness for a society adrift on a galaxy light years away from that inhabited by the majority of our progressive contemporaries.

The crushing presence of precious metals in the representational system which animated the liturgy should not make us forget the path that was traveled. Thanks to Christianity, gold—the *cara deorum* for the Romans—had been demoted one step down on the semantic ladder: it had been diminished from substance to sign.

## THE GOLDEN BODY AND THE CHASTE BODY

The works which concern us form part of a moment (an instant prolonged over three centuries) and an extensive but circumscribed place: the area of influence controlled by the Tridentine aesthetic, a movement which arose in a formal and conceptual response to the spiritual crises shaking the West at the dawn of the modern era: the Renaissance and the Reformation.

This space extended from Recife to Macao, from Prague to Tepotzotlán. The whole territory was illumined by a powerful cultural lighthouse: Rome, the papal city of Mannerism and the baroque, which rose to the challenges of history with an outpouring of creative energy. Its enthusiasms were not those of reason or will —impulses beginning to undermine the certainties of the West— but the convictions of a passionate, defensive faith.

But a confidence, an intimate serenity, also lay coiled in the art inspired by the Council of Trent. The Redemption was a fact of history, and there was no call to doubt God's commitment. Grace, both sufficient and efficacious, could not be wanting for mankind, and men and women were themselves equipped to contribute to their own salvation with their deeds. Did not Jesus, through his human nearness to us, possess fraternal generosity and compassion in limitless supply? Should this fail, would not Mary's loving warmth compel divine mercy? Were we not further buttressed by the complicity of countless saints, former sinners old and new, neighbors perhaps, or bound to our land or family by the close ties of patronage?

The mood of Tridentine culture was imbued with steady optimism. The tragic dimension of the human condition was the motor of Germanic baroque in the atmosphere of the Reformation (doubtless stimulated by the horrors of the Thirty Years' War), and also that of Jansenism. These phenomena can be linked to the uncertainties of a salvation whose justification lay in faith. In this case, such dark tones yield to a gallant conviction, mapped in the plethora of Eucharistic apotheoses, triumphs of the Church and Women of Patmos crushing the Serpent beneath their heels on the walls of our sacristies and temples. Though there was room, still, for an equally profound sense of horror, emotionally conveyed by the depictions of the flesh martyred, penitent, purged or damned.

In the ascending as in the descending spiral, the body, the senses and the soul were all included. Celebrating the corporeity of Jesus, the sacrament of the Eucharist also laid claim to a carnal relationship with him through the consumption of the Host. This ritual stressed the dignity of matter hoisted by the Incarnation and the Redemption to its eternal destiny. The religious art of this universe did not eschew sensuality, nor sensibility, nor sentiment; pious sculpture was the outlet that materialized effusive emotion and vehement impulses into wood and painted gold, as music did into the ethereal substance of notes.

A fundamental role in the art of our baroque centuries was played by the spiritual legacy of the Middle Ages and especially the heritage of Saints Francis and Bernard with their particular manner of approaching the Marian cult. Both prized compassion and maternal tenderness over and above the harshness of justice and any purely intellectual faith; thus they helped to shape a religiosity which was to contribute a great deal to the civilization of Europe, moderating the roughness of military values at a time dominated by packs of *bellatores* who were gradually to be metamorphosed into noblemen.

The cult of devout images and of Marian effigies in particular had various outstanding cultural functions, besides its theological aspects. Almost everywhere in the Mediterranean, the female body had been subjected to severe social supervision. The dark dresses and black kerchiefs of village women along the coast from Portugal to Greece were echoed in the chadors and jalousies obscuring their sisters on the other shore, from Morocco to Turkey. As for representation, the Semitic fringe assigned the same treatment to all bodies, male or female, mortal or glorified: none should be used for figurative representation. This prohibition was deeply rooted in the culture, while not always grounded in the scripture, at least in the case of Islam.

Throughout the southern Mediterranean, the body reasserted its existence in fraternity or sorority groups (the *hammam*, the dance), as well as in dream and literature. Its symbolic voice was the poetic word. In the north, on the Catholic and Orthodox shore, visual representation (whether two-dimensional and tending to abstraction or volumetric and realistic) could also express the body symbolically in concrete forms, available both for the glorified body and for mortal flesh. The existence of these representations implies a challenge to any stance which regards the painted or sculpted image as either a threat to faith (the temptation of idolatry), or as the perilous exaltation of contemptible matter, a substance bristling with deviations away from the peace of the senses, the serenity of affection and the stability of the patriarchal order.

The first objection was ultimately dismissed with the end of the iconoclastic crisis (eighteenth to nineteenth centuries), while the second has received no such systematic doctrinal refutation, although it has been the object of a set of theoretical and artistic propositions, adding up to a coherent aesthetic program. What are the possible cultural meanings of the devout representation of the human figure in this historical and geographic context?

In monotheistic cultures, virginity as a life-plan only has social value in the northern Mediterranean fringe, extending from the Orthodox world to the Iberian peninsula and its evangelical prolongations. Neither Protestant

Europe nor the Semitic world are interested in the "consecrated life" of celibacy. In these realms, maternal and conjugal love are the highest moral values, and there is no culturally or theologically sanctioned "state of perfection" that may take precedence.

Confidence in the human body and a benign view of its attributes underlie the possibility of its plastic representation in devout iconography, and this phenomenon acts as a counterweight to the high axiological regard for virginity in the Catholic and Orthodox worlds. Endowed with the sophisticated theology of religious life, both hail from a common tradition which is strongly impregnated with the spirituality of the Desert Fathers. The structural configuration of their hierarchies assigns a specific, dominant place to those who take the vows. The accent on austerity with respect to the flesh and the senses, proper to a monastic spirituality, is effectively complemented by the explicit revaluation of carnal, sensuous and affective issues in the cult of images.

Celibacy and image-worship are reciprocal endorsements of one another. The Catholic art of the devout body is sensual yet contained, visual but not tactile, and has no place for merely descriptive realism or outright eroticism. Union with God is always achieved by means of a mystical metaphor, not a path of access as in Tantrism, nor a journey of initiation, a naturalistic representation or a resonance between higher and lower worlds, as in Ancient Greece. Therefore it is not surprising that under frontal attack from the Reformation, the two traditions should have reacted unanimously and with equal vigor. Leaving aside strictly theological points of argument, Tridentine culture's riposte to the assault on celibacy is more readily grasped in terms of institutional logic: at a time when power was organized along dynastic lines, only celibacy could prevent the loss of the Church's autonomy of action, essential to its missionary task—an autonomy which had been fought for throughout the Middle Ages.

Nepotism was seen as a far lesser danger than that of being subjected to a politics of dynasty.

For its part, the cult of images was supported by all the baggage of anti-iconoclasticism and benefited from the fervent sponsorship of wide sectors of the faithful, as well as the new religious orders forged in the heat of battle, which were to be so fertile for those thinkers with a predilection for the apologetical exercise.

The specific modalities of this religious art were much indebted to the interaction between celibacy and image-worship, which collaborated in tandem, each from their apparently antagonistic corners, to fashion a single idea of the body and of the relationship between heaven and earth.

The Renaissance tradition was not so easily cast aside, especially in Italy. The muscles which had been awoken by the palpitating humanity of Classical sculpture were unwilling to disappear once again, relegated to a passing evocation, the imprecision of an outline. In the Mexican cultural territory, it was in the flexible, airy folds of carved drapery that they found a language in which they could continue to exist. The meanderings of *estofado* fabrics match the circumvolutions of sacred ornamentation in defiance of gravity, a move which in turn corresponds to the challenge to perceptible reality thrown down by faith.

This was art of a popular nature, an art that lived in highly heterogeneous social spaces. The visual and tactile confrontation it provided with devout sculptures enabled many *criollos* (those of Spanish decent born on American soil) as well as Africans, Europeans, the indigenous peoples of America and those who represented every combination of miscegenation to evolve a notion of their own corporeal presence and construct personal and social identities. Across a broad cultural horizon, ideas and attitudes about one's own body and those of others were formed as a result of the warm, intense interaction with these images.

They contributed to a fostering of the love for visible opulence, the tendency to exaggeration and effusion, the theatrical conception of the social space and the idea of solidarity founded on patronage; they reinforced the unresolved tension between the decisive value assigned to chastity and the sensual generosity which verged at times on self-indulgence, and above all, they helped to create a relativistic distance from the pressures of the world and the century.

There is much optimism in a face and silhouette which do not spurn representation, and much caution in a flesh which knows its perils, as well as its calling to be transfigured by heavenly design. That is the body expressed in the Mexican baroque, the body glimpsed: a portrait, a statue swathed in textile flesh like a socially codified wrapping in place of skin, the visibility of the divine *imago* in a religion protected by the mysteries of the Eucharist and the Trinity from the temptations of idolatry. It is the certainty of blood redeemed by another, sibling blood, akin in "everything but sin," and the modesty of a gaze which accepts that appearance is as important as the allegedly real, for both are mere elements in a drama, signs which demand to be interpreted in a vertiginous, infinite chain which will only end in the blinding vision of the First Cause.

## THE VOICES OF THE FLESH IN GLORY

Why are these statues like this, and not otherwise? What made them possible? The answers to such questions may be found in a further set of queries: What is heaven like? How are we to picture God, his angels and saints? What is the connection between the material reality of our bodies and divine nature, or between the temporal texture of our days and the substance of eternity?

Each of the great Middle Eastern monotheistic systems has replied to these questions in its own way, and their very formulation already constitutes a particular demarcation of the religious horizon.

Judaism and Islam opted for radical transcendence, foreclosing any possibility of anthropomorphism. Christianity, meanwhile, took the principle of man's creation in God's own image from its Hebrew heritage. Thanks to dramatic doctrinal innovations, like the three-in-one nature of a Godhead manifest as a human body through the Incarnation, this notion enabled Christianity to propose a path of its own—as distinct from the Hellenic polytheism which prevailed at the time of its foundation, as it was from the fundamental otherness of the divine maintained by Semitic religions.

In this way, Christians could not only speak the name of God, but also call him Father, while recognizing his fraternal bond with humanity and his filial bond with God and with a human woman. They knew him to be physical, corporeal, as close as kin.

From the most fundamentalist perspectives of Judaism and Islam, the "revolution of the Trinity" and the "scandal of the Incarnation" made Christianity into a kind of polytheism and worse, into an idolatry reducing the divine to human categories. For Christianity, however, it was the only way to mend the necessary split between the one and the many, the only possible reconciliation between history and eternity, between the absolute and the contingent, thus overcoming the hopeless breach between the infinite complexity of reality and the finite scope of reason.

The Christian solutions to the enigmas of divine essence (the Trinity) and of the relations of this essence with humanity (the Incarnation) were of a paradoxical kind: both formulas compelled one to merge antagonistic notions. Yet this very trait provoked a sharp, healthy tension in civilizations which came under its sphere of influence.

The conceptual or sensual models for representing God and his relations with men (theology or sacred art) have been subjected throughout Christian history to a powerful internal dynamism, the fruit of this tension.

Any theories leaning too far toward one or the other extreme, favoring either the One or the Three, preferring either the humanity or the divinity of Jesus, have led to schisms, conflicts and heresies over the centuries. Most of the great Christian families, however, remain impartial and continue to maintain the tricky equilibrium which forces them to go beyond the limits of the rational. The impressive refinement of the conceptual tools forged in the heat of this tension doubtlessly constitutes one of the jewels of the Christian world, and one of the most important sources of vitality for western culture.

Something similar happened in the field of art. How should the body of Jesus be represented, so alike ours, but free from sin and participating in divine nature? How could it be made visible to our mortal eyes? What resemblances might exist between the Redeemer's flesh, the body of Christ, and the flesh that is redeemed, ours? What do the celestial bodies of members of the Church Triumphant, the saints, have in common with the earthly bodies of cohorts of the Church Militant, the living faithful?

Not all Christians have been able to agree on the answers to these questions. It has not been possible to resolve such intricate equations to the satisfaction of all. Even in a single Christian cultural family, the treatment of images depicting the supernatural have not proved uniform along the length of time or the breadth of space. In one and the same moment and place, different sensibilities can crop up (to echo different forms of religiosity, such as those proper to a doctor of theology or to a peasant), spawning a great diversity of artistic expressions. Through its many complementary perspectives, this diversity enriches the cultural patrimony of the whole world.

The religious statues refer as much to the divine Trinity as to the Virgin Mary, or the angels and saints of the celestial court. Among them, only Jesus and Mary already enjoy their bodily plenitude. The rest of the Blessed await the Resurrection promised on Judgment Day, whereas representations of God the Father or the Holy Spirit can only be associated with carnal matter in an allegorical, metaphorical or emblematic way.

Any bid to approach a human creation must involve the effort, however clumsy, to grasp its conditions of possibility. These particular works of art would not take the form they do unless they were based upon the complex cultural and doctrinal foundation that we have outlined above. They could not have emerged in a civilization that did not consider God to be a fit subject for visual representation, or that felt in any way threatened by such a representation (that is, by the danger of idolatry they might entail). These effigies are the product of a civilization which proved capable of rising above its fears and able to accept the moral legitimacy of sensorial functions and affects, along with the intrinsic value of a carnality shared by God and man.

We are contemplating a collection which demonstrates the answer reached by one particular Christian culture— the ancestors of contemporary Mexicans—to the crucial question: how is glorious flesh to be portrayed? These works, responses fashioned in wood and gold, now stand before our own inquiring gaze: what do these mute images know of us?

## MEMORY AND THE MUSEUM

The rooms devoted to sculpture in the Franz Mayer Museum are filled with objects which fall into two main categories: *estofado* figures from New Spain, and late medieval or early Renaissance carvings from Germany and Flanders. It is significant that the collector chose to specialize in these two particular groups. He could well have elaborated more diverse subdivisions, juxtaposing his northern European statuary with its natural diachronic extension, Italian Renaissance works; or he could have complemented his Novohispanic collections with seventeenth- and eighteenth-century pieces from France to give an example of obvious synchronic extension.

Why are such pieces virtually absent from the museum's showcases, giving pride of place to these two sets hailing from such divergent places and periods? In fact, there are numerous and intimate links between the two strands. In both cases, we are referring to works of art intended for worship. Another similarity we have already pointed out: the role of sculpture in baroque religiosity had more affinities with that played by sacred images in pre-Renaissance epochs, than with posterior modes, closer to the Novohispanic period. The spirituality consecrated by the Council of Trent, having broken with the Catholicism of Erasmus, fortified this cultural kinship. It was to spread throughout Western Christianity as the centuries drew on.

However, the features and forms displayed by many European carvings suggest an unmistakable proximity to the intense feeling of transcendence emanating from Orthodox icons, or even to the inner radiance expressed by the angels of Champagne or the graceful humanity of madonnas from the Île de France. Conversely, many early American statues strike attitudes reminiscent of the serenity and nobility of Italian statues. Both groups thus take a certain distance with respect to the anguished pathos creeping into later works from New Spain.

The European collection was completed before its Mexican counterpart. The two are bridged by a smattering of very handsome works from the great Spanish school of polychromatic sculpture, which as of the sixteenth century reached the heights we can appreciate in the Museum of Valladolid.

Medieval and Renaissance sculpture was less lavish in the use of materials. But American gold, flamboyantly pouring into the rivers of world exchange, upset European economies, producing marvels (Italy, Flanders, Holland) and disasters (Spain). Seville, the capital of the Atlantic,

found itself in the eye of an artistic hurricane strongly inspired by the performing arts. Here the tradition of carving gilt wood altarpieces began and the visions of the Andalusian School flourished. (The leaders of these two movements were Jerónimo de Balbas and Juan Martínez Montañés respectively.)

In the rest of Europe, beyond the Pyrenees, American gold did not kindle comparable movements, for all that it enriched the crafts of gold work, weaving, jewelry and cabinet-making. In these societies, which were profoundly marked by the Renaissance and subsequently by the Enlightenment, gold rapidly ceased to signify a holy sign, an offering to the Creator, to become the cornerstone of secular, social and political power and a monetary instrument of investment and exchange.

For these reasons, this art of gold can be viewed as paradigmatically Mexican. Not because it resorts to corn cobs or *tecali*; not because it is exclusive or native to this land (it is, fortunately, a hybrid product like most human creations), but because this is a specific variant of a visual movement sprung from the drama of the Spanish Conquest. That is, sprung from the thirst for gold but also from the new options bestowed by Christianization, from a vocation and an impulse.

When we speak of gold and this outpost of the Spanish empire, it is impossible to gloss over the intricate, perverse, symbolic relationship that welds them. The identity of this culture was embellished from the beginning by glinting reflections, as Sor Juana Inés de la Cruz reminds us. ("...I, madame, was born / in the America of plenty, / compatriot to gold / fellow countrywoman to metals  ")

The European miner spent so much time gazing at this land through mirrors burnished with silver and gold, that he persuaded himself he could never escape an abominable, circular fate: the feverish pursuit of wealth, the hasty exploitation of resources, profitable but short-lived bonanzas, and early hours of troubled insomnia.... At the end of so many centuries, it seems the lesson is not yet learned.

The judicious eye of Franz Mayer balanced his collections with the greatest discernment: the sculptural styles whose absence I noted above (such as items from the neo-pagan Renaissance or from enlightened rationalism) are precisely those pieces which fit most uneasily into the Mexican jigsaw. These works are omitted by the museum because the spirit and ideas they convey (as we have seen in our discussion of representations of the body) had a minimum impact upon these latitudes, steeped as they were already in a dual theocentric exuberance: the pre-Hispanic and the baroque.

Mayer's collections of European and Mexican-colonial sculptures do contain telling links to other ensembles in the same museum that at first sight would appear highly discrepant. We have mentioned the resemblances between the ornamental motifs found on a surprising range of objects and material supports. From ceramics to the embroideries hemming rain capes, from Chinese or Michoacán lacquer to embossed silverwork, the same lines are repeated, pursued, developed. These objects possess one of the greatest qualities to which a work of art can aspire: the ability to inspire fertile emulation, a stimulus which strays beyond the boundaries of a specific visual language.

The parts of the museum enjoyed by the visitor are nothing but the tip of a splendid iceberg. The curation, the library and the vaults of the Franz Mayer Museum command our admiration because of the seriousness and love with which artworks and books are tended. Among the more conspicuous treasures, in one of the storerooms, for instance, we might stumble on a tiny Asian statuette which illustrates the feature of Mexican art which Franz Mayer and the museum which bears his name recognized and demonstrated so well: its openness to the beneficial influence of distant lands.

The images which have found shelter beneath this roof are no longer worshipped on bent knee, although they still rivet the gaze. The altarpieces, niches and shrines they used to inhabit are gone, scattered by the winds of fate and, above all, of ignorance. Gone, too, are the daises on which they used to be carried aloft over the heads of the faithful on procession days, the wavering rows of candles, the incense, the supplicant murmur of prayer and the vibrancy of choirsong.

Because of this, it is possible for us to discover traits in these statues which were no doubt hidden from the eyes of their contemporaries. Furthermore, they act as stepping stones between us and the countless images in countless churches that survive as objects of reverence and vehicles of theophany.

The world of baroque devotion founded during the colonial era still permeates Mexico on the eve of a new millennium. Although such objects may appear ever more incomprehensible to large sectors of the urban sons and daughters of our time, they are one of the most precious assets of a country such as this, where different cultures co-exist with different civilizations, from the Neolithic to the post-industrial. Their value is in signifying different things to different people.

For they can be taken as thaumaturgic subjects, venerable effigies or objects of amazement according to whether we see them from a baroque, post-Vatican II or secular perspective. Whatever the case, these works are presently entrusted with a double mission of the greatest dignity, bequeathed to them by Franz Mayer: to survive and to be the link between these three points of view, these three families which form part of the national community and the human race. If there is a place between hope and knowledge for memory, then between destiny and civilization there is, mercifully, a place for the museum.

*Translated by Lorna Scott Fox*

*Página siguiente:* San Miguel Arcángel. *Escultura novohispana del siglo XVIII, tecali estofado y policromado.*

# THE SCULPTURE OF NEW SPAIN

## *Workshops and Techniques*

MARÍA DEL CONSUELO MAQUÍVAR

Among its many magnificent collections, the Franz Mayer Museum houses a fine sampling of Novohispanic sculpture, which when coupled with the museum's European works, allows visitors to observe one of the most significant art forms ever created. Given his keen eye and his interest in Mexico's colonial period, it is not by chance that Franz Mayer brought together this collection, the roots of which go back to one of Mexico's oldest artistic traditions, one that was transformed and enriched by European models and techniques after the arrival of the Spaniards.

Still, the collection of colonial carvings raises questions: Why are most of the carvings religious images? How can we explain the predominance of polychrome, wood sculptures that demonstrate the *estofado* technique of painting on burnished gold?

## FROM COPPER TO IRON IN THE MONASTERY WORKSHOPS

The answers to these questions are intertwined with the history of New Spain's evangelization. Though the first friars strove to see that the indigenous population assimilated the new religion, these missionaries also taught them the new building and ornamentation techniques needed for the ambitious construction effort the Spanish Crown had undertaken in this land.

Franciscan Fray Pedro de Gante was among the most remarkable of these missionaries. At the school he founded in the San Francisco de México Monastery, next to the San José de los Naturales Chapel, De Gante gained recognition as a brilliant teacher. There, indigenous students were taught to practice the new religion, to read and write in Spanish, to sing and to work in various crafts. This school-workshop became the model for other religious orders charged with the evangelization of indigenous peoples and the founding of indigenous villages. In the center of each of these large Franciscan, Dominican and Augustinian monastery complexes was a school-workshop in which Christian doctrine as well as what was called "mechanical arts" were taught.

Fray Jerónimo de Mendieta, in his well-known *Historia eclesiástica indiana* (The History of the Indian Ecclesiastic) writes: "Among [the indigenous people] there were great masons who worked stone into anything they wished, with pebbles or flint [because they lacked iron], as exquisitely and carefully as our Castilian [sculptors]." Mendieta marveled at their stone-cutting technique, which consisted of refining the surfaces of rocks with other stones.

As to wood carvings, Mendieta says, "The carpenters and carvers would work the wood with copper tools, but, unlike stonecutters, they would not dedicate themselves to work delicate pieces." The Spaniards later introduced iron tools to replace those of copper that indigenous craftsmen had used for cutting wood. Although Mendieta writes about carvings in both wood and stone, he gives special interest to those worked in stone.

The numerous testimonies of Franciscans, Augustinian and Dominicans invariably praise—at times, to the point of exaggeration—the quality of the artwork created by indigenous craftsmen. Motolinia, for instance, writes: "Once they delve into any trade, after a few days they are masters." And Fray Bartolomé de las Casas, the Dominican who is remembered for his defense of the native peoples, writes: "The mysteries and histories of our Redemption are rendered marvelous with all the perfection [the indigenous craftsmen] bring to them."

Some of these chronicles shed light on the antecedents of the extensive production of sculptures in New Spain. They are brief comments, considering the great number of works from this period. Not only the friars—who we might well expect to have had a sense of admiration for their own efforts and that of their fellow priests—praised these works; secular travelers and non-clerical writers also made mention of this. "With delight and blissful calm, they all follow steps and engage in voluntary services, there being a thousand of them for any task. Keen alchemists and lapidaries skilled in turning silver to gold with various inventions and artifices; the brush and the chisel that capture one's mind and thought by way of one's eyes, and that portray the wind, sky, land and sea." These are the words used by the great poet Bernardo de Balbuena in *Grandeza mexicana* (Mexican Grandeur) to describe the indigenous craftsmen who filled the diverse architectural spaces of the capital of New Spain through the work of their hands.

## FROM THE MONASTERY TO THE GUILD WORKSHOP

Although we do not know when production in monastery workshops gave way to production in guilds, we do know that from the earliest days of the colonial period, guilds existed in Mexico City. In the indigenous villages of what today are known as the Mexican provinces, monastery complexes were secularized beginning in the seventeenth century. Hence, the guild workshops "absorbed" indigenous labor. Recent studies have shown that indigenous workers also took part in the guild system. If they disobeyed the Ordinances by working outside of the guilds, they were fined heavily or banned from competing with other producers and artists.

The guild was the only organization through which the Spanish Crown controlled artisanal production; the Ordinances were the rules that governed each type of work, as well as determined the process for an individual's advancement. Guild members had to follow the Ordinances for their particular trade or art, which dictated those exams the craftsmen had to take in order to be recognized as masters, regulated the buying and selling of their products and stipulated fines for disobedience.

A controversy over the status of sculptors spanned two centuries. The first rules governing this trade were issued in 1568, forcing sculptors to be grouped together with carpenters. In 1589, the rules were revised. Although they did not gain complete independence, carvers were defined as those who made altarpieces, and sculptors, as those who made three dimensional statues. More than a century later, in 1704, the last Ordinances were issued. Sculptors had successfully defended their trade, conserving the essence of the former rules by forming an independent guild.

The contributions that indigenous sculptors made to the guilds were always noteworthy. The Ordinances show to what degree their work was valued, since they protected the products of indigenous labor, especially those works of sacred images, from being resold by the Spaniards.

## FROM IMITATION TO CREATION

When confronted with Novohispanic sculpture—whether it be the Renaissance and baroque stone façades, the imposing eighteenth-century gilt altarpieces, or the pilasters and works in the Solomonic tradition housed in the Franz Mayer collection as well as the National Museum of the Viceroyalty—the viewer will come to several conclusions.

First, the repetition of models indicates that engravings, etchings and, naturally, the European images brought to the New World were copied. The chroniclers noted this, and they repeatedly comment on the ease with which indigenous craftsmen reproduced European models. These observations, however, were not intended to disparage the ability of the artists; Europeans themselves also copied one another's work. From the time teachers began to take sacred images to the monastery workshops, pieces were copied, and the practice continued throughout the entire colonial period.

Sculptures of Christ, the Virgin Mary, the angels and saints had to follow specific, conventional patterns to avoid distorting their meaning or confusing the faithful. Recall that sacred images must represent only the virtues, the exemplary life the faithful are to emulate. Images are merely a means of reaching God. Through them, the

Church attempted to impart important lessons on life and, at times, even death as in the case of martyred saints. "Immodest" clothing or excessively "human" attitudes were forbidden. Nevertheless, we see clear examples of technical creativity, especially in seventeenth- and eighteenth-century baroque images; it is, perhaps, here that the sculpture of New Spain makes its most important contribution.

Once cannot ignore the tremendous influence exerted by Spanish sculpture—especially from Castile and Andalusia—since numerous artists came to the New World from these regions and many of their works were imported. Novohispanic sculptors knew how to transfer European models to stone, wood and other autochthonous materials such as the paste made from cornstalk. Over time, outstanding examples emerged, not so much because they broke with the European iconographic tradition, but rather, due to the originality of their technique, and, in particular, the designs of the *estofado* decoration.

Whereas in Spain multicolored fabrics were replaced with solid-colored vestments, New Spain produced sculptures that demonstrated a richness of multicolored *estofado* designs. Novohispanic sculptors heightened the realism of these pieces, and thus their connection to the observer, by using auxiliary materials such as wigs, glass eyes and crystal tears, silver and hemimorphite halos and mandorlas. The famous bleeding Christs of Mexico with their lacerated backs through which their ribs could be seen were intended to incite the piety and devotion of the faithful. Moreover, the countenances of baroque images are more expressive than those images that were not created to portray human qualities. Without sacrificing the "composure" required by Tridentine norms since the sixteenth century, they encourage mysticism, prayer and faith.

## THE PAINTING TECHNIQUE USED IN ESTOFADO PIECES

The painters' guilds played a prominent role in colonial sculpture. Once the sculptor had finished carving an image, he was obliged to deliver it to a master painter, also under contract, who had agreed to make some areas flesh colored and decorate it by painting on burnished gold. Ordinances specifically prohibited sculptors and painters from doing each other's work.

It is perhaps worth reviewing this process: When painters received a sculpture, they had to wait three months for the wood to dry completely; otherwise, the polychrome paints would be damaged in their application. The sculptor would sometimes agree to deliver a piece after it was dried and covered with a layer of plaster, which sealed the pores in the wood.

Next, the parts of the statue that were to be painted with *estofado* decoration—the clothes—were covered with red clay, since the face and other uncovered parts of the body were to be painted flesh colored.

Once the surface had been prepared with clay and a thin layer of glue, small, square gilt flakes—noted for being very thin yet resistant—were applied. This work had to be done with the utmost care; if the gold layer wrinkled, the piece would be ruined. This task was all the more delicate because the gold was later burnished with an agate stone which could slice the gold if not used properly.

Next, a template with various decorative motifs was used to paint the surface with different colors, while care was taken to insure the figures appeared in their correct profiles and that a harmonious appearance was achieved by keeping the proper distances between them.

Finally, once the paint had dried, the piece could be decorated using the sgraffito technique. This was done by using burins of various shapes to scrape off some of the layer of color to reveal the background gold in streaks of differing widths as well as dots, diamonds, circles and so on. The amount of pressure applied with the burin was very important, since this produced the various textures that were needed.

In addition to fresco and canvas painting, the Ordinances unequivocally required a master painter to be familiar with this technique for *estofado* decoration: "Rather, in general, regarding all aspects of his art, he is to be examined by the application of these techniques on a piece of wood, and on that piece of wood, he will be examined in *estofado* decoration, gilding, matte incarnadination and polishing." Hence, both incarnadination techniques are mentioned—one in which the surface is left opaque and the other in which the surface is burnished. In the sculpture of New Spain, the former was more common, especially in pink tones.

## THE SCULPTURES OF THE FRANZ MAYER MUSEUM

The collection of sculptures in the Franz Mayer Museum contains excellent carvings from Europe, New Spain and Guatemala. In addition, these pieces are made from a wide variety of materials: stone, *tecali* (Mexican marble), alabaster, wood, ivory, ceramic and cornstalk paste.

The museum contains reliefs characteristic of seventeenth-century Renaissance and baroque styles with three-dimensional figures that were most likely part of altarpieces, as well as small images used in private chapels and devotion rooms. The sculptures of New Spain form the largest collection which includes the outstanding polychrome and *estofado* wood carvings. In terms of iconographic subjects, the grouping offers examples representative of colonial prayer books.

The most remarkable *tecali* piece is the seventeenth-century *Trinidad antropomorfa*—exceptional because it depicts the three figures of the Trinity separately. In a magnificent wood relief, also from the seventeenth century, the manner in which they are portrayed is more common: God the Father in the center of the composition, fully identified with the sun; God the Son, to his right, with the Lamb; and the Holy Spirit, with the familiar dove on his chest.

*Santiago matamoros* (Saint James the Moor Slayer) also known as Saint James the Horseman, is a representation of the apostle brother of Saint John the Evangelist as the great "conqueror" of souls. In this piece he appears as a beautiful relief and as a stand-alone polychrome wood figure with *estofado* decoration. There can be no doubt as to why Franz Mayer included this saint in his collection.

Hence, the image of the legendary apostle who fought "shoulder to shoulder" for the Reconquest of Spain was seen years later riding his white steed next to the Spanish armies, defeating the Indians. For this reason he was also represented with the vanquished at his feet, for example, in the magnificent relief of *Santiago mataindio* (Saint James the Indian Slayer) which was part of the altarpiece commissioned by Fray Juan de Torquemada for the church located in the Franciscan convent of Santiago Tlatelolco.

Saint Joseph and the Virgin Mary, along with the Christ Child, were portrayed in marble, as was Christ Crucified. These pieces provide beautiful proof of the importance of trade with the Philippines, conducted through the round-trip voyage between Acapulco and Manila.

The fourth-century knight and legendary martyr, Saint George, dons military attire and holds a sword with which he will defeat the "dragon" (representing the devil), that has unfortunately disappeared from the work. This sculpture is of singular importance, not only because of its iconography, but also because of the materials used. It was made with the pre-Hispanic technique of modeling a harmonious appearance in cornstalk paste, which the Europeans regarded highly. There are documents commissioning these types of works for export to Spain in addition to the works themselves. Many of these pieces were made for the churches of Spain and New Spain, among other reasons, because of the light weight of their materials (cornstalk paste, reed and paper made from the bark of the amate tree), which were ideal for large, processional images.

The Franz Mayer Museum has singular examples of devotional images, polychrome wood sculptures that make use of *estofado* decoration. Saint Catherine of Siena and Saint Catherine of Alexandria appear together in a seventeenth-century relief, which most likely was part of the predela of an altarpiece. Also from the seventeenth century, is a beautiful relief depicting shepherds at worship; the carving and the use of space are, however, somewhat simplisitic, while the perspective and depth are not fully achieved. Perhaps the colonial sculptor had difficulty transferring the engraving he used as a model to wood. Nevertheless, the *estofado* work is truly exceptional.

The most important of the stand-alone sculptures are the image of Saint Francis of Assisi in which the Virgin and God the Father are each depicted sitting on a throne, the image of the Virgin Mary in her different manifestations and another of Saint Anne. All these pieces are characteristic of the sculpture of New Spain: bodies with few anatomic details, often displaying hicratic attitudes and conventional expressionless faces.

The carving, polychrome paint and *estofado* decoration of the two holy maidens are remarkable. One is identified as Saint Lucy because of her bleeding eyes; the other may be Saint Agatha. Although nothing identifies her as such, she shows the same formal characteristics as other representations of this saint. The two were probably exhibited together, in an eighteenth-century baroque altarpiece, as indicated by the volume and the movement of their clothes.

Both images show the marks of burins of different shapes and sizes used to achieve the texture of the tunics and cloaks. Moreover, they might well have been carved by an eighteenth-century sculptor who was well-versed in this craft. The artist, whomever it was, handled the sections of the wood block superbly and gave the correct proportions to the different parts of the body, shifting the center in sections that reflect the movement characteristic of the baroque period.

Although I could say much more about this magnificent collection, I have tried to show the transcendence of this art form developed in New Spain. In its time it served a devotional and religious purpose; today it gives us a glimpse of the history and art of colonial Mexico.

*Translated by Alan Hynds and Susan Briante*

Aparición de la Virgen de Guadalupe. *Relieve novohispano del siglo XVIII, estofado y policromado. 69 x 41 x 9 cm.*

ALONSO LUTTHEROT ARMIDA Y ROBERTO ALARCÓN CEDILLO, *Tecnología de la obra de arte en la época colonial. Pintura mural y de caballete. Escultura y orfebrería*, 2ª ed., México, Universidad Iberoamericana, Depto. de Arte, 1994.

BARRIO, LORENZOT, FRANCISCO, *Compendio de los tres tomos de la compilación nueva de las ordenanzas de la muy noble insigne, y muy leal, e imperial ciudad de México*, México, Secretarías de Industria, Comercio y Trabajo, 1985.

BAZIN, G., *Historia de la escultura mundial*, Barcelona, Ed. Blume, 1972.

BENAVENTE, FRAY TORIBIO DE, *Memoriales*, México, UNAM, 1971.

CARRERA STAMPA, MANUEL, *Los gremios mexicanos*, México, Cámara Nacional de la Industria de la Transformación, Ed. Iberoamericana de Publicaciones, S.A., 1954, Col. de Estudios Histórico-Económicos Mexicanos.

CASAS, FRAY BARTOLOMÉ DE LAS, *Apologética historia sumaria*, México, UNAM, 1967.

CENNINI, CENNINO D´ ANDREA, *Tratado de la pintura*, Barcelona, El libro del arte, Sucesor de E. Messenger Editor, 1950.

ESTRADA JASSO, ANDRÉS, *Imaginería en caña*, México, Ed. Jus, S.A., 1975, Ediciones "al voleo".

FERNÁNDEZ, GUILLERMO, *El estofado de la madera*, México, Unión Gráfica, 1975.

MAQUÍVAR, CONSUELO, *El imaginero novohispano y su obra. Las esculturas de Tepotzotlán*, INAH, 1995.

MAYER, RALPH, *Materiales y técnicas del arte*, Madrid, Ed. Hermann Blume, 1988.

MENDIETA, FRAY JERÓNIMO DE, *Historia eclesiástica indiana*, México, Ed. Porrúa, 1971.

MOYSSÉN, XAVIER, *Estofados en la Nueva España*, México, Ed. Porrúa, 1973, Col. Sepan Cuántos, núm. 129.

NAVARRO, VICENTE, *Técnica de la escultura*, Barcelona, Sucesor de E. Messenguer, editor, 1976.

PACHECO, FRANCISCO, *Arte de la pintura*, Barcelona, L.E.D.A., 1968, Col. Las ediciones del arte.

SÁNCHEZ-MESA MARTÍN, DOMINGO, *Técnica de la escultura policromada granadina*, Granada, Universidad de Granada, Depto. Historia del Arte, 1971, Col. Monográfica, núm. 13.

SEARA LÓPEZ, ANDRÉS, *Técnica de la talla en madera*, Barcelona, Ed. Suites, 1964, Col. Los Fonts de Terrasa.

SELVA, JOSÉ, *Artes aplicadas de la Edad Media*, Barcelona, Ed. Ramón Sopena, S.A., 1963.

TOUSSAINT, MANUEL, *La Catedral de México*, México, Ed. Porrúa, 1973.

ZAVALA, SILVIO, *Ordenanzas de trabajo, siglos XVI y XVII*, México, Ed. Elede, S.A., 1947, Col. de Obras Histórico-Mexicanas núm. 5.

## ALFONSO ALFARO

Escritor y doctor en Antropología por la Universidad de París. Escribió la tesis *Historias de la memoria y el olvido*. Es miembro del consejo de asesores de *Artes de México*. Ha realizado estudios sobre historia del arte del siglo XVIII. Es autor de *Voces de tinta dormida. Itinerarios espirituales de Luis Barragán*, que *Artes de México* publica en su nueva colección Libros de la Espiral.

## MARÍA CONSUELO MAQUÍVAR

Historiadora de arte por la UNAM, es investigadora de tiempo completo en el INAH. Actualmente dirige el Museo Nacional del Virreinato. Ha escrito diversos textos sobre arte colonial mexicano, rama en la que se ha especializado desde hace varios años. Es autora de *El imaginero novohispano y su obra. Las esculturas de Tepotzotlán*, editado por el INAH en 1995.